C.H.BECK  WISSEN

in der Beck'schen Reihe

W0046459

Im hier vorliegenden Buch hat Ernst Baltrusch versucht, auf der Grundlage des erhaltenen Quellenmaterials Geschichte, Gesellschaft und Kultur des antiken Sparta von 900–146 v. Chr. in lakonischer Kürze, aber wahrheitsgetreu zu beschreiben. Ob dieses Ziel erreicht wurde oder nicht, könnten eigentlich nur die alten Spartaner selbst entscheiden. Wären sie unzufrieden, dürften sie sich nicht beklagen. Sie haben es den Historikern nicht leicht gemacht. Schon Sokrates vermutete, daß sie absichtlich ihre Umwelt über sich täuschen wollten; denn durch die Bekanntmachung ihrer Stärke und Weisheit würden sie andere zu deren Nachahmung herausfordern und damit ihr eigenes Gemeinwesen schwächen.

Den Leser erwartet eine informative und anregende Darstellung des Aufstiegs und Falls einer antiken Großmacht.

Ernst Baltrusch, lehrt als Professor für Alte Geschichte an der Freien Universität Berlin. Sein besonderes Interesse gilt dem griechischen Völkerrecht und der Geschichte der Juden in der Antike.

Ernst Baltrusch

SPARTA

Geschichte, Gesellschaft, Kultur

Verlag C.H.Beck

Mit 2 Karten

1. Auflage. 1998
2., überarbeitete Auflage. 2003

3. Auflage. 2007

Originalausgabe
© Verlag C. H. Beck oHG, München 1998
Gesamtherstellung: Druckerei C. H. Beck, Nördlingen
Umschlagentwurf: Uwe Göbel, München
Printed in Germany
ISBN 978 3 406 41883 9

www.beck.de

Meinen
Schwiegereltern
Anni und Lothar Schneider

Inhalt

Vorwort

Im hier vorliegenden Buch habe ich versucht, auf der Grundlage des erhaltenen Quellenmaterials Geschichte, Gesellschaft und Kultur des antiken Sparta von 900 bis 146 v. Chr. in lakonischer Kürze, aber wahrheitsgetreu zu beschreiben. Ob dieses Ziel erreicht wurde oder nicht, könnten nur die alten Spartaner selbst entscheiden. Wären sie unzufrieden, dürften sie sich nicht beklagen. Sie haben es uns Historikern nicht leicht gemacht. Schon Sokrates vermutete, daß sie absichtlich ihre Umwelt über sich täuschen wollten; denn durch die Bekanntmachung ihrer Stärke und Weisheit würden sie andere zu deren Nachahmung herausfordern und damit ihr eigenes Gemeinwesen schwächen. Trotzdem hoffe ich, den antiken Spartanern das eine oder andere entlockt zu haben. Bei diesem Unterfangen wurde mir die Unterstützung des Friedrich-Meinecke-Instituts der Freien Universität Berlin, insbesondere des Seminars für Alte Geschichte, zuteil, das durch seine freundliche Kollegialität die notwendigen Rahmenbedingungen geschaffen hat. Meine Hilfskraft Frau Susanne Neumann und meine Sekretärin Frau Beryl Adomako haben alles getan, daß die Vorlage erstellt werden konnte; dafür danke ich ihnen sehr. Dem Beck-Verlag bin ich zu großem Dank für die Aufnahme des Buches in die Beck Wissen-Reihe verpflichtet; seinem Lektor Herrn Dr. Stefan von der Lahr insbesondere für seine Mühe, ein zu langes Manuskript elegant zu kürzen. Meine Frau Dr. Dagmar-Beate Baltrusch war mir eine strenge, aber unverzichtbare Gesprächspartnerin und Korrektur-Leserin. Dafür danke ich ihr ebenso wie meiner Tochter Anna-Victoria, die mit vielen fröhlichen Unterbrechungen meine Arbeit außerordentlich gefördert hat. Meinen Schwiegereltern Anni und Lothar Schneider danke ich für viele kleine und große Wohltaten; unseren „Nothelfern" sei deshalb dieses Buch in tiefer Verbundenheit zugeeignet.

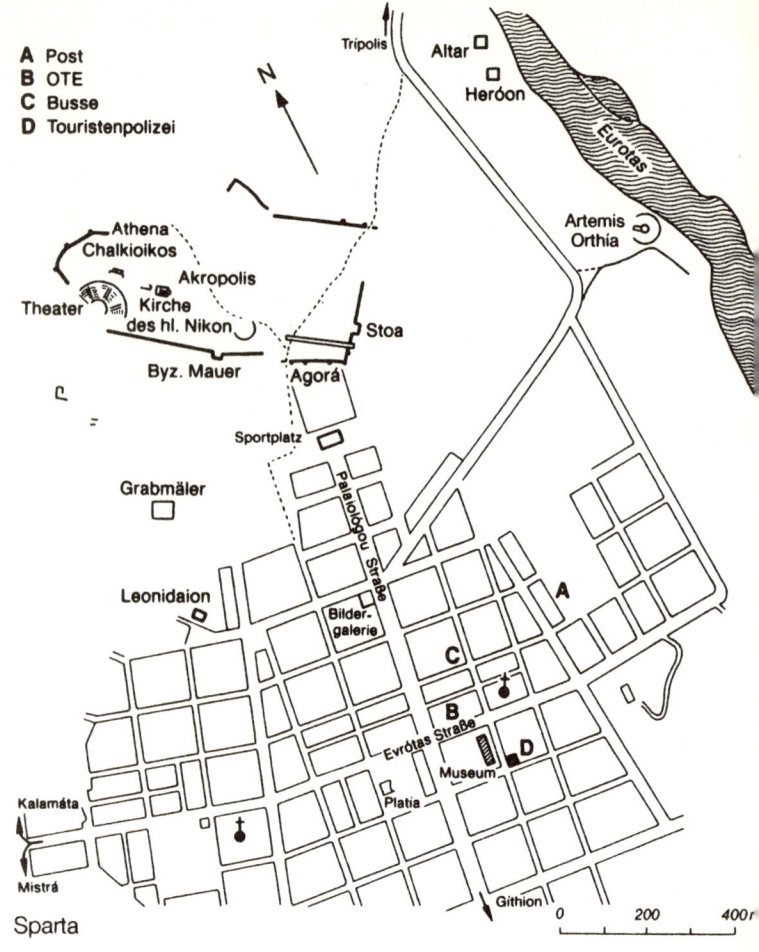

A Post
B OTE
C Busse
D Touristenpolizei

N

Tripolis
Altar
Heróon
Eurotas

Athena Chalkioikos
Akropolis
Theater
Kirche des hl. Nikon
Byz. Mauer
Stoa
Agorá
Artemis Orthía

Sportplatz

Grabmäler

Palaiológou Straße

Leonidaion

Bilder-galerie

A

C

B

Evrótas Straße

D

Museum

Kalamáta

Platía

Mistrá

Githion

0   200   400 r

Sparta

Stadtplan Spartas:
aus R. Speich, Peloponnes (Kunst- und Reiseführer mit Landeskunde),
Stuttgart/Berlin/Köln 1989 (2. Aufl), S. 278

Einleitung

Um 380 v. Chr. schrieb der athenische Schriftsteller und Spartakenner Xenophon: „Eines Tages dachte ich darüber nach, daß Sparta, wiewohl eine der bevölkerungsärmsten Städte, zur mächtigsten und berühmtesten Stadt Griechenlands geworden ist – und ich wunderte mich darüber, wie dies geschehen konnte. Dann dachte ich an die Einrichtungen der Spartiaten, und ich wunderte mich nicht mehr" (Der Staat der Lakedaimonier 1,1). So wie Xenophon erging es sowohl vielen Zeitgenossen als auch der Nachwelt. Sie bewunderten die innere Ordnung Spartas, deren Stabilität über Jahrhunderte, das einfache, ernsthafte, jeden überflüssigen Prunk ablehnende, auf Abhärtung, Ausdauer und Tapferkeit ausgerichtete Leben der spartanischen Bürger und priesen dieses als Grundlage des außenpolitischen Erfolges und als Garant der Herrschaft über die Peloponnes und Griechenland: Sparta als Modell für alle anderen. Dieser Verklärung Spartas standen andere Urteile gegenüber, die Kritik, Verachtung und Abscheu ausdrückten: Man sprach von der einseitigen Ausrichtung des gesamten Lebens auf Krieg, von Unmenschlichkeit, von Unterdrückung, von Kulturlosigkeit, ja von Analphabetismus. Sparta provozierte, damals wie heute, und die Faszination, die von dieser kleinen Stadt am Eurotas auf der Peloponnes ausging, hat sich bis in die neueste Zeit erhalten.

Spartas „große Zeit" währte von ca. 550 bis 371 v. Chr. Heute wird diese Zeit als die Klassische Epoche Griechenlands bezeichnet, der Wiege der europäischen Kultur. Es war die Zeit der griechischen „Aufklärung", eines Sokrates und Platon, die Blütezeit der attischen Tragödie und Komödie, der Baukunst, der bildenden Kunst, der Geschichtsschreibung; die Demokratie wurde „erfunden". Die Orte, von denen diese geistige, kulturelle und politische Entwicklung ausging, hießen Milet, Korinth und Athen. Auf einem diametral entgegengesetztem Gebiet lag indessen Spartas Beitrag zum Klassischen Griechenland. Diese freie griechische Stadt lebte nach dem

Grundsatz: Der einzelne ist nichts, das Vaterland, die Stadt ist alles. Erziehung, Wirtschaft, Kultur, Religion fügten sich in die Idee des Staates ein – Sparta war der erste totalitäre Staat der Weltgeschichte und damit Vorbild auch für moderne Vertreter dieser Gattung.

Das antike Griechenland deckte einen geographisch größeren Raum als das heutige Griechenland. Neben dem „Mutterland" (dem heutigen Griechenland) siedelten die Griechen auf den zahlreichen Inseln der Ägäis, am Schwarzen Meer, an den Küstenstreifen Kleinasiens, Afrikas, Siziliens, Südfrankreichs und Spaniens. „Wie Frösche um einen Sumpf" wohnten Griechen um das gesamte Mittelmeer, so beschrieb Platon (Phaidon 109a) den griechischen Siedlungsraum im 5. Jahrhundert v. Chr. Hinter dieser Ausdehnung der Griechen stand nicht, wie man vermuten könnte, der Eroberungsdrang eines gesamtgriechischen Staates, sondern die Kolonisationspolitik einzelner Städte (*poleis*) wie Athen, Korinth, Megara oder auch Sparta. Diese *poleis*, von denen es Hunderte gab, waren politisch autonome Stadtstaaten und bildeten die Grundstruktur der griechischen Staatenwelt. In dieser Umgebung stieg Sparta zur führenden Macht in Griechenland, ja zur Weltmacht auf. Diesen Aufstieg nachzuzeichnen, die politischen, gesellschaftlichen, wirtschaftlichen, militärischen und kulturellen Einrichtungen Spartas zu analysieren und die Frage nach der Entstehung und dem Weiterleben des Mythos Sparta zu verfolgen, ist das Thema der folgenden Kapitel.

I. Die Stadtwerdung Spartas und der Mythos Lykurg

Sparta liegt im Süden der griechischen Halbinsel „Insel des Pelops", der Peloponnes, in Lakonien, einer Ebene des Flusses Eurotas (ca. 200 m über dem Meeresspiegel), der in Arkadien entspringt und in den Lakonischen Meerbusen einmündet. Eingerahmt ist diese Ebene von zwei Gebirgsketten, dem Taygetos im Westen (höchste Erhebung: 2407 m) und dem Parnon im Osten (1937 m); im Norden Spartas beginnt das arkadische Hochland (Skiritis), 46 km südlich liegt das Meer. In Spartas unmittelbarer Nachbarschaft lagen im Westen Messenien, im Norden Arkadien und im Nordosten die Stadt Argos. Die Eurotasebene war fruchtbar. Angebaut wurde in erster Linie Gerste, aber auch Weizen und Oliven; darüber hinaus wurde Viehzucht betrieben. Sparta glich einer natürlich gesicherten Festung, die auch ohne Stadtmauer Schutz vor unliebsamem Besuch oder militärischen Angriffen bot. Die geographische Lage erklärt ebenso wie das den Zeitgenossen geheimnisvolle, von außen nie wirklich ergründbare Wesen der Spartaner und ihrer Gesellschaft zu einem nicht geringen Teil den Erfolg Spartas. Der heute gebräuchliche Name für die Stadt ist Sparta („die Gesäte", „die Verstreute"), die Zeitgenossen aber sprachen häufiger von Lakedaimon. Sie bezogen damit auch Lakonien, das Sparta umgebende Land, in den Staatsbegriff mit ein. Die offizielle Bezeichnung des spartanischen Staates dagegen, wie sie in Dokumenten (z. B. Verträgen) erscheint, lautete „die Lakedaimonier". Die Bewohner Spartas gehörten zum Stamm der Dorier, der sich von anderen Griechenstämmen wie den Ionern oder Äolern durch seinen Dialekt, aber auch durch besondere politische und soziale Institutionen unterschied. Dorier siedelten im Süden der Peloponnes, an der Südwestküste Kleinasiens und auf Kreta.

Die Gründung Spartas durch die Dorier liegt verborgen im Dunkel der Geschichte. Sie gehört in die „Dark Ages" (ca. 1050 bis 800 v. Chr.). Homers Ilias, das früheste literarische Zeugnis der Europäischen Geschichte, berichtet von Menelaos

13

und Helena, dem vordorischen Königspaar des, wie Homer aufgrund der Lage Spartas zwischen zwei Gebirgszügen schreibt, „hohlen Lakedaimon". Menelaos und Helena hatten entscheidenden Anteil am Trojanischen Krieg, den die Griechen unter Führung von Agamemnon, dem Bruder des Menelaos und König von Mykene, gegen das kleinasiatische Troja zehn Jahre lang führte. Homer schrieb vermutlich im 8. Jahrhundert v. Chr. über eine Zeit, die 500 Jahre zurücklag und an die man keine Erinnerung hatte, die über Heldengesänge und vielleicht übriggebliebene Ruinen oder Bronzewaffen hinausging. Irgendwann zwischen dem Trojanischen Krieg und der vermuteten Abfassungszeit der homerischen Epen muß das dorische Sparta gegründet worden sein.

Zwischen dem Trojanischen Krieg und der Homerischen Zeit hatten große Veränderungen in allen Bereichen Griechenland ein ganz neues Gesicht gegeben: Prachtvolle Königspaläste wie diejenigen in Mykene und Tiryns und eine hochentwickelte, auf diese Paläste ausgerichtete Wirtschaft, Bürokratie und Schrift waren verschwunden. Ein starker Bevölkerungsrückgang, neue, bescheidenere Siedlungsformen, eine schriftlose Kultur und wohl auch Armut als Charakteristika dieses „dunklen Zeitalters" traten an ihre Stelle. Die Ursachen für diesen Prozeß werden noch immer lebhaft und kontrovers diskutiert. Die wahrscheinlichste Erklärung ist die, daß die „Mykenische" Kultur (benannt nach einer der Palaststätten auf der Peloponnes) um 1200 durch Plünderungszüge fremder Völker zerstört wurde und daß im Gefolge dieser Zerstörung neue Stämme von Norden nach Griechenland einwanderten, sich ansiedelten und dabei die noch ansässige Bevölkerung vertrieben oder auch versklavten. Ein solcher Einwanderungsschub erfaßte auch die Peloponnes. Er wird als „Dorische Wanderung" bezeichnet. Die einwandernden Dorier waren jedoch nicht identisch mit den Zerstörern der mykenischen Kultur und sie drangen auch nicht als geschlossener Verband ein, wie wir es von den germanischen Stämmen der Völkerwanderungszeit kennen. Vielmehr kamen sie in kleineren Gruppen allmählich von Nordwestgriechenland her auf die

Peloponnes und gründeten dort Kolonien. Wohl erst im Laufe des 10. Jahrhunderts v. Chr. gelangten die Dorier auch in die südlichen Regionen der Halbinsel, nach Lakonien, wo sie etwa um 900 vier Dörfer in der Eurotas-Ebene zu einer Stadt, nämlich Sparta, vereinigten und die dortige Bevölkerung in den sozialen Status von Unfreien (Heloten) herabdrückten. Die Tatsache, daß Sparta immer zwei Könige gleichzeitig hatte, läßt vermuten, daß sich in Sparta zwei Wanderungszüge vereinigt haben, von denen sich der eine in den Eurotas-nahen Dörfern Limnai und Kynosura, der andere in den westlichen Dörfern Mesoa und Pitane niederließ. Alle dorischen Stämme waren in drei Abteilungen, sogenannte Phylen, gegliedert, die auch in späterer Zeit in der Einteilung des spartanischen Heeres eine Rolle spielten (Dymanen, Hylleer, Pamphyler); das ist heute allerdings umstritten. Der Drang der Dorier nach Süden wurde zunächst durch eine unzerstörte Festung aus mykenischer Zeit, Amyklai, aufgehalten. Archäologen haben dort viele Gegenstände aus der „vorspartanischen" Zeit zutage gefördert. Erst am Ende des 8. Jahrhunderts gelang es den Spartanern unter ihrem König Teleklos, Amyklai zu erobern und als fünftes Dorf in den Staatsverband einzugliedern; eine Sonderstellung nahm Amyklai aufgrund seiner geographischen Entfernung (ca. 6 km) und späten Eingliederung in den spartanischen Staatsverband immer ein.

Die heutige, etwas weiter südlich als das antike Sparta gelegene Stadt ist klein (1834 neu gegründet, ca. 11 000 Einwohner), und auch die frühere war von Anfang an mit wenig Bürgern gesegnet. In der Frühzeit soll sie nicht mehr als 8 000, im 3. Jahrhundert v. Chr. gar weniger als 1 000 waffenfähige Vollbürger gehabt haben, so daß eine Gesamtbevölkerung von nicht mehr als 20 000–30 000 anzunehmen ist. Nicht abzuschätzen ist allerdings die Zahl der Umwohner (Perioöken) und Unfreien (Heloten). Die moderne Archäologie, die die Stätten des antiken Sparta freizulegen versucht, kritisiert jetzt, was der bedeutendste Historiker der Antike, Thukydides, bereits im 5. Jahrhundert v. Chr. formulierte: „Wenn heute die Stadt der Lakedaimonier verlassen würde, und es blieben nur Heiligtümer und die Grundmauern der Gebäude übrig, wären die Nachkommen späterer Zeiten hinsichtlich der Macht und des Ruhmes der Spartaner sehr ungläubig" (I, 10). Diesen Eindruck könnte man heute in der Tat gewinnen: Heiligtümer und eine für griechische Verhältnisse eher atypische Akropolis wurden ausgegraben, aber es fehlen kostbare Tempel und mächtige Gebäude, so daß sich die Bedeutung des antiken Sparta aus den materiellen Überresten allein nicht erschließen läßt.

Die Rekonstruktion der Gründung Spartas fußt auf den Errungenschaften der modernen Geschichtswissenschaft, d. h. auf der systematischen Auswertung literarischer Werke aus späterer Zeit, archäologischer Funde sowie sprachwissenschaftlicher Analysen der verschiedenen Dialekte. Die Spartaner der historischen Zeit hatten diese Möglichkeiten nicht, etwas über ihre Herkunft in Erfahrung zu bringen. Diese war ihnen daher ein noch größeres Rätsel als uns – es gab ja kein schriftliches Zeugnis vor dem 8. Jahrhundert, das ihnen Auskunft darüber hätte geben können. Erinnerung wurde tradiert durch Erzählungen und Gesänge über herausragende Taten großer Helden. Durch das Fehlen der Schrift, mit der man die Erinnerung hätte festschreiben können, kam es zu ständig veränderten und neuen Deutungen und legendenhaften Verklärungen der Überlieferung. So ist auch die Einwanderung der Dorier von den Spartanern selbst in einem für sie erheblich günstigeren Sinne umgedeutet worden. Nicht gewalttätige Eindringlinge seien sie gewesen, sondern im Gegenteil, die Dorier hätten mit ihrer Einwanderung nur dem Recht Geltung verschafft: Die Nachkommen des ursprünglichen „Besitzers" der Peloponnes, Herakles (ein Sohn des Göttervaters Zeus), seien nach ihrer Vertreibung zusammen mit den Doriern „zurückgekehrt", hätten sich also nur das zurückgeholt, was ihnen Zeus selbst gegeben habe. Einer der frühesten Zeugen aus Sparta, der Dichter Tyrtaios, schrieb Ende des 7. Jahrhunderts v. Chr.: „Denn Zeus selbst ... gab diese Stadt den Herakliden (den Nachfahren des Herakles), mit denen wir das windige Erineos verließen und zur weiten Peloponnes kamen" (frg. 1 a). Tyrtaios deutet die dorische Wanderung genial um als eine legitime (Wieder-)Inbesitznahme eines von Zeus zugewiesenen Erbteils und entzieht damit Zweifeln den Boden, die an der Rechtmäßigkeit der dorischen Präsenz in Sparta unter den Nachbarn aufgekommen sein könnten. Die Spartaner hatten Erfolg mit dieser Legitimation – niemand warf ihnen später vor, unrechtmäßig ihre Position auf der Peloponnes erworben zu haben. Selbst ein Kritiker aller Mythen wie Thukydides sprach von der „Rückkehr der Herakliden" auf die Peloponnes als einer geschichtlichen Tatsache. Die spartanischen Könige führten dieser Legende zufolge ihre Herkunft und mit der Herkunft zugleich auch ihre Berechtigung zur Herrschaft auf Herakles zurück. Auf diese Weise war ein Bogen zwischen dem mykenischen, von Homer beschriebenen Sparta und dem historischen, dorischen Sparta geschlagen, Kontinuität hergestellt und gleichzeitig die Rechtmäßigkeit und Gottgefälligkeit der spartanischen Ansprüche auf die Peloponnes betont.

Ein Mythos diente auch zur Rechtfertigung und zur Erklärung der Entstehung der viel gerühmten politischen, sozialen, wirtschaftlichen und militärischen Ordnung Spartas. Spätestens seit der Mitte des 5. Jahrhunderts wird diese Ordnung auf einen Gesetzgeber mit Namen Lykurg zurückgeführt, dessen Neugestaltung aller Lebensbereiche verantwortlich für die Stabilität der spartanischen Verfassung gewesen sei. Eunomia, das heißt: Wohl-Ordnung, nannte man sein verfassungsgebendes Werk. Auch andere griechische Städte rühmten sich großer Gesetzgeber, wie etwa Athen sich Solons rühmte, aber Lykurg war für Sparta noch bedeutender, gleichsam die Quelle seines gesamten Lebens, wiewohl er keinerlei Spuren einer nachprüfbaren Existenz hinterlassen hat. Anfang des 2. Jahrhunderts n. Chr. versuchte es Plutarch, immerhin einer der belesensten Autoren seiner Zeit, die ihm verfügbaren Informationen über Lykurg zu sammeln und in eine „Biographie" einzubringen. Dieses Unterfangen scheiterte, denn, so lauten die Anfangssätze des Werkes: „Über Lykurg den Gesetzgeber ist generell nichts zu sagen, was nicht umstritten wäre, insoweit als seine Herkunft, seine Reisen, sein Ende und vor allem seine Tätigkeit als Gesetzgeber und Staatsmann unterschiedliche Darstellungen fanden. Am wenigsten aber kann über die Zeit, in der er gelebt hat, Übereinstimmung erzielt werden". Diesem Eingeständnis zum Trotz berichtet Plutarch von Lykurgs Herkunft aus einer der beiden spartanischen Königsfamilien, daß er sogar König gewesen sei, daß er in alle Welt, z.B. nach Kreta, Asien und Ägypten gereist sei, um sich für seine Neuordnung inspirieren zu lassen, von seiner Befragung des Orakels von Delphi, von seinen Helfern und Kritikern in Sparta, von seiner letzten Lebensphase, ganz so, als ob all das verbürgt und nachprüfbar gewesen wäre. Diese „Biographie" dient Plutarch als Folie, auf der er die spartanische Ordnung, die Lykurg geschaffen haben soll, beschreiben kann. All diese Geschichten jedoch eignen sich nicht dazu, den historischen Hergang der Gesetzgebung und schon gar nicht das Leben Lykurgs zu rekonstruieren. Aber sie sind wichtig für die Legitimation der Ordnung im Bewußtsein der Spartaner. Lykurg erscheint als ein Mittler zwischen dem Gott Apollon von Delphi und den Spartanern. Dadurch, daß sein Gesetzgebungswerk in der Legende durch das Orakel von Delphi abgesichert wurde, wurde ihm ein göttlicher Ursprung verschafft. Der Sinn dieser göttlichen Herleitung liegt auf der Hand: Jeder, der diesen „Vertrag" (griechisch: *rhetra*) zwischen Göttern und Menschen in Sparta übertreten wollte, machte sich zum gottlosen Frevler. Eine bessere Garantie für den Bestand einer Verfassung kann man sich kaum denken – vorausgesetzt, die Menschen waren gottesfürchtig. Daß die Spartaner in besonderem Maße religiös waren, werden wir noch sehen. Die Ordnung des Lykurg hatte jedenfalls dauerhaften Bestand; noch im 3. Jahrhundert beriefen sich Könige in Sparta auf Lykurg, wenn sie die Verhältnisse in ihrem Sinne verändern wollten – selbst wenn diese Reformen gar nicht durch das lykurgische System gedeckt wurden.

So waren es zwei Mythen – der über die Rückkehr der Herakliden und der über den Gesetzgeber Lykurg –, die Spartas Entstehung und seine Ordnung erklären und rechtfertigen sollten und die diese Funktion im Bewußtsein der Spartaner, ja aller Griechen auch vollkommen erfüllten. Sie sorgten dafür, daß die lykurgische Ordnung menschlichem Zugriff lange Zeit entzogen bleib und damit stabil bleiben konnte. Dem Glauben an diese Mythen als eine Art Grundgesetz können wir zwei für die spartanische Mentalität charakteristische Züge entnehmen: Eine ausgeprägte Religiosität und ein starrer Konservativismus. Die Verbindung dieser beiden Eigenschaften bewahrte Sparta lange Zeit vor politischen Krisen, wie sie andere Städte durchmachen mußten, gleichzeitig ist sie aber auch dafür verantwortlich, daß die geistige und kulturelle Blüte der klassischen Zeit Griechenlands nahezu spurlos an Sparta vorüberging.

Bevor wir Spartas Geschichte von den dunklen Gründerzeiten in das dem Betrachter etwas deutlicher vor Augen liegende Zeitalter der messenischen Kriege und der beginnenden Herrschaft über die Peloponnes, also bis an das Ende des 6. Jahrhunderts begleiten, wollen wir einen Blick auf die soziale und politische Ordnung dieser Stadt werfen, so wie sie Lykurg zugeschrieben wurde und wird. Auf diese Weise ist es möglich, sich in einem systematischen Überblick die Besonderheiten der spartanischen Ordnung und die ihr innewohnenden Gefahren zu vergegenwärtigen, bevor dann die historischen Entstehungsbedingungen analysiert werden.

II. Die politische und gesellschaftliche
Ordnung Spartas

Zum Verständnis der spartanischen Geschichte ist die Kenntnis der politischen und gesellschaftlichen Ordnung Lakoniens unerläßlich. Das folgende Kapitel wird diese deshalb in einem systematischen Überblick präsentieren. Dabei gilt es zu bedenken, daß Spartas Ordnung nicht in einem einzigen Akt geworden ist. Ihre Ausbildung vollzog sich vielmehr über mehrere Jahrhunderte, wobei entscheidende Faktoren waren: die Stammesorganisation der Dorier, die Unterwerfung der ansässigen Bevölkerung, die ständigen Kriege gegen die Nachbarn, Bevölkerungswachstum und soziale Krisen – alles zusammen trug zur Ausbildung des „historischen" Sparta, wie es seit 500 v. Chr. vor unser Auge tritt, bei.

Die Griechen lebten in der archaischen und klassischen Zeit bis auf wenige, besonders im Norden und Westen gelegene stammesherrschaftlich organisierte Ausnahmen (Ätoler, Makedonen), in Städten, den *poleis*. Diese Stadtstaaten waren grundsätzlich verschieden von den Städten der Kulturen des Alten Orients oder Ägyptens; wenn überhaupt, können sie bestenfalls mit den Städten der seefahrenden Phönizier wie Tyros oder Sidon verglichen werden. Das Polisgebiet umfaßte neben dem Siedlungszentrum auch die landwirtschaftlichen Nutzflächen, die die Einwohner mit dem Lebensnotwendigen versorgten. Jede Polis hatte eine Akropolis (Bergburg), einen Versammlungs- und Marktplatz (*agora*), Amtsgebäude, Tempel und Heiligtümer und (meistens) eine Mauer zum Schutz vor Feinden. Die Griechen sahen als Besonderheit ihrer Städte jedoch nicht die bauliche Substanz oder die Stadtmauer an, sondern den Gemeinschaftssinn ihrer Bewohner: „Die Polis ist die Menge der Politen", sagt Aristoteles, „die zur Selbstgenügsamkeit (Autarkie) des Lebens hinreichend ist". Jeder Bürger wurde deshalb auf seinen Wert für die Gemeinschaft der Politen hin beurteilt, und von diesem Urteil hing die Vergabe der politischen Rechte ab – je mehr ein Bürger für die

Polis tat, um so mehr durfte er auch mitentscheiden. Als wertvollster Beitrag eines Bürgers galt seine militärische Leistungsfähigkeit, und diese ist durchaus auch daran gemessen worden, welche Waffen und welche Ausrüstung er sich leisten konnte. Wenn jemand so vermögend war, ein Pferd oder eine Schwerbewaffnetenrüstung zu besitzen, wurde er einer höheren Bürger-„Klasse" zugeordnet, als jemand, der nur leichtbewaffnet in den Krieg ziehen konnte oder mangels Besitzes überhaupt keine Ausrüstung besaß. Für die Einschätzung der spartanischen Ordnung ist diese militärische Ausrichtung der Bürgerschaft grundlegend.

Politisch tätig sein konnte man in jeder Polis in drei Institutionen:

1. In der Volksversammlung versammelten sich in regelmäßigen Abständen alle erwachsenen männlichen Bürger, die über 20 Jahre alt waren.
2. Der Adels- oder Ältestenrat (griechisch: *gerusia*; lateinisch: *Senat*) vereinte die angesehensten Personen der Bürgerschaft; zumeist war dieses Ansehen durch die Herkunft, manchmal auch durch die Leistung für die Stadt erworben. Die Größe dieser Räte variierte von Stadt zu Stadt.
3. Schließlich übernahmen Beamte festumschriebene Aufgabenfelder z.B. in der Kriegführung, im Finanzwesen oder in der Rechtsprechung. Diese Ämter waren zumeist zeitlich befristet, sie wurden durch Wahl oder Los besetzt und traten an die Stelle des früheren Königtums.

Die Verfassung einer Stadt hing davon ab, welche dieser drei Einrichtungen beherrschend war: Demokratie nannte man die Staatsform, die sich auf die Volksversammlung, und Aristokratie jene, die sich auf den Adelsrat stützte; und wenn die Magistratur in der Hand einer einzigen Person lag, also eines Königs oder Tyrannen, sprach man von einer Monarchie.

Der Grundstruktur einer *polis* entsprach auch Spartas Ordnung. Aber die Verfassung dieser Stadt enthielt zugleich Elemente, die es in keiner anderen Stadt gab, so daß die Frage, ob Sparta demokratisch, aristokratisch oder monarchisch verfaßt war, nicht leicht zu beantworten war und ist. Seine Besonderheiten waren das Doppelkönigtum, das Fehlen eines Adels im herkömmlichen Sinne, das Amt der Ephoren (das später noch erklärt werden wird), das Abstimmungsverfahren in der Volksversammlung, die Heloten, die besondere Ausrichtung von Staat und Erziehung auf den Krieg, die gesellschaftlich bedeutende Rolle der Frauen, die Religiosität der Spartiaten und die rituelle Fremdenaustreibung (griechisch: *Xenelasie*).

Hinter diesem Sonderweg stand nicht der Wille der Spartaner, es anders als die übrigen Griechen zu machen, sondern eine besondere historische Entwicklung: Die Dorier waren gewaltsam in das Eurotas-Tal eingedrungen, hatten im 8. Jahrhundert die Achaier in Lakonien und anschließend, in zwei existentiellen Kriegen, die Messenier unterworfen und zu Unfreien herabgedrückt, die fortan nur auf eine Gelegenheit abzufallen warteten. Daneben führten die Spartaner fast ständig Kriege gegen ihre nördlichen und östlichen Nachbarn, und es wäre in der Tat höchst verwunderlich, wenn davon nicht auch die innere Ordnung ihres Staatswesens berührt worden wäre. Die Spuren der Überlieferung bestätigen diese Vermutung: Herodot und Thukydides lassen übereinstimmend verlauten, daß Sparta in jener Zeit die Stadt mit den schlechtesten Gesetzen gewesen sei und darüber hinaus ständig in Aufruhr. Nach dem verlustreich geführten, aber erfolgreich beendeten Zweiten Messenischen Krieg, am Ende des 7. Jahrhunderts (vielleicht auch in der ersten Hälfte des 6. Jahrhunderts), gaben sich die Spartaner jedoch die Ordnung, welche wir als „lykurgische Ordnung" kennen: Die Grundlage dieser Ordnung bildete nach spartanischer Überzeugung die „Große Rhetra", was soviel wie „Orakelspruch" bedeutet. Das Dokument lautet (Plutarch, Leben des Lykurg 6,1 und 6,4):

Gründend ein Heiligtum des Zeus Syllanios und der Athena Syllania, einrichtend Stämme (phylai) und schaffend Dörfer (obai), einrichtend einen Ältestenrat (gerusia) von 30 Mitgliedern einschließlich der Anführer (archagetai, so werden die Könige bezeichnet), *sollen von Zeit zu Zeit Versammlungen abgehalten werden zwischen Babyka und Knakion* (Örtlichkeiten in Sparta), *und so vorschlagen und abtreten lassen. Die Entscheidung des Volkes soll gültig sein.*

(Zusatz): *Wenn das Volk aber eine krumme Entscheidung treffen sollte, sollen die Ältesten und die Archagetai es abtreten lassen.*

Es handelt sich bei diesen Zeilen um das Grundgesetz des spartanischen Staates, das die Spartaner als Weisung des delphischen Apoll an den Gesetzgeber Lykurg verstanden. Delphi, die Orakelstätte des Gottes Apollon, war über Griechenland hinaus als Autorität respektiert: Städte, Könige und Privatpersonen holten sich dort Rat, wenn es um wichtige Entscheidungen für die Zukunft ging. Wo könnte man eine Kolonie gründen? Sollte man einen Krieg mit Aussicht auf Erfolg beginnen? Sollte man sich gegen einen übermächtigen Gegner verteidigen oder sich ergeben? Wer darf König werden? Darf man die Verfassung ändern? – für alles spendete Delphi aus göttlicher Quelle Rat, einen Rat, der bindend war und alle darauf gründenden Entscheidungen rechtfertigte. Orakelsprüche, die sich als falsch herausstellten, haben Delphis Autorität zunächst nicht erschüttern können. Erst im 5. Jahrhundert, als Apollon den Griechen den offenkundig schlechten Rat gegeben hatte, sich den Persern nicht entgegenzustellen, kamen Zweifel an der unbedingten Richtigkeit aller Ratschläge Delphis auf. Im 7. Jahrhundert jedoch war von Zweifeln noch nichts zu spüren. Die *rhetra* war im Urteil aller Spartaner von gleichsam höchster Stelle legitimiert. Sie gliederte die spartanische Gesellschaft nach Phylen und Dörfern und regelte das Zusammenspiel der drei Verfassungsteile Königtum, Volksversammlung und Rat.

Das **Königtum**, in Sparta als Doppelherrschaft ausgebildet, geht wahrscheinlich auf die Wanderungszeit zurück. Die Spartaner allerdings glaubten, daß es ursprünglich nur einen König gegeben und erst eine Zwillingsgeburt die Einrichtung des Doppelkönigtums notwendig gemacht habe. In historischer Zeit war dieses Doppelkönigtum auf zwei Familien verteilt, die sich beide von Herakles und dessen Sohn Hyllos ableiteten: die Agiaden, welche als die vornehmeren galten, und die

Eurypontiden. Die Hauptfunktion der Könige in der Wanderungszeit war einmal die Führung des Heeres und zum anderen die Erkundung des göttlichen Willens, und diese Aufgabenbereiche blieben ihnen auch nach der Gründung Spartas erhalten. Allerdings hatten sie im Laufe der Zeit beträchtliche Einschränkungen ihrer Machtfülle hinzunehmen, die zunehmend auf Institutionen wie den Rat und die Volksversammlung verteilt wurde. Die spartanische Geschichte kennt viele herausragende Könige bzw. Regenten, die noch nicht mündige Könige vertraten. Kleomenes (6. Jh.), Leonidas und Pausanias (5. Jh.), Agesilaos (4. Jh.) waren große Heerführer, deren Ruhm in einer Stadt, die wie Sparta vollständig auf den Krieg hin ausgerichtet war, besonders hell erstrahlte. Nicht selten nutzten Könige freilich ihren Ruhm auch dazu, das von der *rhetra* geregelte Zusammenspiel der Institutionen zu ihren Gunsten zu verändern, und versuchten, Rat und Volksversammlung zu dominieren. Deshalb war man in der Heimat nicht nur erfreut über militärische Glanzleistungen, sondern zugleich mißtrauisch, wenn sich einzelne Könige über die Institutionen der Stadt erhoben. Seit dem 6. Jahrhundert wurde deshalb die Macht der Könige auch im Felde beschränkt, z. B. durch die Einsetzung von Kontrollräten, durch eine Rechenschaftsforderung oder durch die Übertragung des Feldherrnamtes auch an andere Spartiaten (die bekanntesten Beispiele sind Brasidas und Lysander im Peloponnesischen Krieg). Ferner mußten die Könige allmonatlich schwören, die Königsherrschaft auf der Grundlage der Gesetze auszuüben.

Der zweite Aufgabenbereich der Könige bestand darin, die Gemeinde gegenüber den Göttern zu vertreten. Für jede Handlung mußte die Zustimmung der Götter eingeholt werden, sei es durch die Befragung des Orakels von Delphi, sei es durch Opfertätigkeit, sei es durch die Beobachtung von Naturerscheinungen. Da auf diesem Feld Manipulationen leicht möglich waren, konnten Könige politische oder militärische Entscheidungen der Stadt kräftig beeinflussen. Den städtischen Institutionen waren den Königen gegenüber die Hände gebunden, denn die Interaktion mit den Göttern war ein äußerst sensibler Komplex, den man den Königen nicht einfach durch einen Beschluß von Sterblichen entziehen konnte. Die Könige waren nämlich über ihre allgemeinen königlichen Funktionen hinaus auch noch Priester des obersten aller griechischen Götter: Einer verehrte ihn im Tempel des Zeus Lakedaimon, der andere im Tempel des Zeus Uranios. Entsprechend ihrer Stellung im spartanischen Staat wurden den Königen besondere Ehrungen und Ehrenrechte zuteil, z.B. Übereignung von Königsgütern, höhere Beuteanteile, Ehrenplätze bei den Gemeinschaftsspeisungen. Diese Rechte waren, da sie ja seit alter Zeit bestanden, unantastbar. Im innenpolitischen Willensbildungsprozeß dagegen nahmen die Könige in historischer Zeit keine herausragende Stellung mehr ein. Sie waren zwar, wie die *rhetra* ausdrücklich bestätigt, automatisch Ratsmitglieder, aber den Vorsitz in der Volksversammlung z.B. mußten sie an die Ephoren abtreten. Daß das Königtum in Sparta anders als in anderen Städten Griechenlands als eigenständiger Faktor erhalten blieb und auch nie in Frage gestellt wurde, zeugt von dem bereits erwähnten konservativen und religiösen Zug der Spartaner. Die Anbindung der Verfassung an die Götter, von denen man sich Schutz, Hilfe und Begünstigung erhoffte, verhinderte, daß über diese Verfassung beliebig disponiert wurde.

Die **gerusia**, deren Einrichtung die *rhetra* vorschreibt, war im ursprünglichen Wortsinn ein „Ältestenrat": Die 28 Angehörigen (dazu die beiden Könige) mußten nämlich über 60 Jahre alt sein. Sie wurden durch Zuruf der Volksversammlung aus dem Gesamtvolk gewählt und blieben Ratsmitglieder auf Lebenszeit. Der Idee nach war der Rat also nicht die Vertretung eines Adels im klassischen Sinne. Spartanische Adelsfamilien traten im Vergleich zu den Königen und Ephoren nur wenig in Erscheinung und waren auch nicht in einem eigenen Gremium organisiert, wie die Adligen Athens im Areopag oder die Adligen Roms im Senat organisiert waren.

Die *gerusia* hatte zwei Aufgabenbereiche, einen politischen und einen prozessualen. Alle Entscheidungen der Volksversammlungen wurden von der *gerusia* „vorberaten"; welche

Anträge der Volksversammlung zu unterbreiten waren und welche nicht, legte der Rat fest. Neben dieser probuleutischen Tätigkeit sind auch die strafrichterlichen Befugnisse des Rates, insbesondere bei Kapitalprozessen, von erheblicher Bedeutung gewesen, und nur an ihrer Stellung zwischen Königen und Ephoren liegt es, daß das Bild der *gerusia* aufs Ganze gesehen etwas farblos ist. Denn Aristoteles im 4. Jahrhundert v. Chr. bemängelte das Auswahlverfahren („kindisch") und das hohe Alter der Geronten („nicht nur der Körper altert, sondern auch der Geist") vor allem wegen der Eigenständigkeit und der Entscheidungsfähigkeit der *gerusia*.

Die aus der Heeresversammlung hervorgegangene **Volksversammlung** umfaßte die gesamte Bürgerschaft Spartas ab dem 30. Lebensjahr. Die *rhetra* schrieb vor, daß sie regelmäßig monatlich auf einem dafür vorgesehenen festen Platz einberufen werden sollte. Die Leitung der Versammlungen hatten bis in das 6. Jahrhundert hinein die Könige, dann die Ephoren. Anders als in Athen, aber ähnlich wie in Rom konnte das Volk aus sich selbst heraus nicht politisch aktiv werden, ja nicht einmal mitdiskutieren. Die Vorberatung von Anträgen, die der Volksversammlung vorgelegt werden sollten, sowie die Diskussion oblag allein den Beamten (Königen, Geronten, Ephoren); die Versammelten konnten den Anträgen lediglich zustimmen oder sie ablehnen. In außenpolitischen Fragen konnten auch auswärtige Gesandte ihre Position vor der versammelten Gruppe der Spartiaten darlegen, die Entscheidungen aber wurden unter Ausschluß der Fremden gefällt. Im Jahre 432 wurde auf diese Weise der Kriegsbeschluß gegen Athen zum großen Peloponnesischen Krieg gefaßt. Man stimmte nicht geheim, durch Handaufheben oder Hammelsprung ab, sondern durch die Lautstärke des Geschreis. Dieses sehr alte Abstimmungsverfahren hatte gegenüber den in anderen *poleis* gebräuchlichen Verfahren den Vorteil, daß man die Intensität von Zustimmung oder Ablehnung besser messen konnte. Die Themen, die in der Volksversammlung behandelt wurden, betrafen alle Bereiche des öffentlichen Lebens: Krieg und Frieden, Gesetzesanträge, Wahlen von Beamten und Geronten. Von der Rechtssprechung dagegen war die *ekklesia*, also die Volksversammlung, anders als es in demokratisch verfaßten Städten üblich war, ausgeschlossen.

Das Kollegium der **Ephoren** kennt die *rhetra* noch nicht. Die antike Tradition überliefert allerdings die Existenz von Ephoren seit 754/3 und verbindet ihre Einrichtung mit Lykurg oder dem König Theopompos. Auf einer historischen Grundlage fußt diese Überlieferung nicht. Es waren erst die Bestimmungen der *rhetra*, die die Voraussetzung für dieses Amt schufen. Denn da die *rhetra* das Gesamtgefüge der spartanischen Verfassung neu definierte, bedurfte sie einer Durchführungsbestimmung, um die Einhaltung dieses Grundgesetzes zu gewährleisten. Aus diesem Grunde richteten die Spartaner ein Aufseheramt zum Zwecke des Verfassungsschutzes ein, nämlich ein Kollegium von 5 Ephoren (d. h. „Aufsehern"). Dieses Amt war naturgemäß gegen diejenigen gerichtet, die die Verfassung potentiell bedrohten, die Könige. Seiner Aufgabenstellung entsprechend repräsentierte das Ephorat die institutionalisierte, göttlich legitimierte Rechtsordnung gegenüber einem ebenso göttlich legitimierten, aber personalen Königtum. Darum wachten die Ephoren gleichsam von Berufs wegen eifersüchtig darüber, ob sich die Könige im Verfassungsgefüge zu viele Rechte herausnahmen. Antike Betrachter nannten das Amt „tyrannenähnlich", weil sie die Ephoren losgelöst von ihrer politischen Funktion allein im Hinblick auf ihre Macht betrachteten. Eher sollte man die *rhetra* mit einem Tyrannen vergleichen, dem die Ephoren zu dienen hatten. Ephoren und Könige leisteten sich gegenseitig allmonatlich einen Eid des Inhalts, daß, wenn die Könige der Verpflichtung, nach den geltenden Gesetzen zu regieren, unverbrüchlich treu blieben, die Ephoren nichts gegen das Königtum unternähmen. Das Amt eines Ephoren war jedem Spartiaten zugänglich. Gewählt wurde man in der Volksversammlung für die Dauer von einem Jahr, wiedergewählt werden durfte man nicht. Entscheidungen waren vom gesamten Ephoren-Gremium zu treffen. Ihre Rolle als Aufseher brachte es mit sich, daß die Ephoren das gesamte politische, militärische und rechtliche Leben beaufsichtigten. Sie empfingen Gesandte, setzten Kriegsbeschlüsse der Volksversammlung um, wachten über die Einhaltung der Gesetze, konnten Beamte aus ihren Ämtern entfernen, hatten richterliche Kompetenzen. All das geschah im Dienste der Rechtsordnung. Dementsprechend hatten die Ephoren Ehrenrechte besonderer Art, z.B. das Recht, vor den Königen sitzen bleiben zu dürfen oder Verträge zu unterzeichnen, woraus deutlich wird, daß sie den Staat und die Ordnung verkörperten. Andererseits war das Ephorat wenig geeignet, Sprungbrett oder gar Zielpunkt für eine Karriere zu werden. Wir kennen auch nur wenige Ephoren mit Namen. Die meisten der berühmten Spartaner waren Könige oder wenigstens Feldherren, nicht Ephoren. Nur als Institution waren sie Gegenstand ungezählter Anekdoten.

Weitere Ämter neben den Ephoren wurden bedeutungsvoll, als die Spartaner seit etwa 430 bis 370 zu Lande und zu Wasser in Griechenland beherrschend waren und eine Art lakedaimonisches Reich gebildet hatten. Dazu benötigte man „Verwalter" (Harmosten) in den beherrschten Städten (insbesondere in Thrakien, Ionien und auf den ägäischen Inseln), die als eine Art Besatzungskommandanten militärische Schutzfunktionen ausübten. Ferner erzwangen die zahlreichen militärischen Expeditionen innerhalb und außerhalb der Peloponnes und insbesondere die Flottenexpeditionen in der Ägäis während des Peloponnesischen Krieges (431–404) die Einrichtung weiterer Ämter. Zu nennen sind hier das Amt des Nauarchen (Admiral) und des *epistoleus* (Stellvertreter des Admirals). Der bedeutendste Flottenkommandant war Lysander (408–404). Der Niedergang der spartanischen Hegemonie im 4. Jahrhundert ließ alle diese Ämter wieder überflüssig werden und verschwinden.

Die spartanische Ordnung weist Merkmale auf, die charakteristisch für die archaische Zeit Griechenlands waren. Zum einen ordnete die *rhetra* eine Neueinteilung des Stadtgebietes in Phylen und Oben (Dörfer) an, wie wir sie auch von anderen griechischen Städten her kennen. Durch diese Neuorganisation sollten die Bindungen der Bürger an die Stadt und ihre

Institutionen gestärkt werden; die (personalen) Bindungen an mächtige adlige Familien traten demgegenüber zurück. Dasselbe gilt für die Volksversammlung. Ihre Rolle im städtischen Gefüge wurde in Sparta durch die *rhetra* gestärkt und durch die Einrichtung der Ephoren (welche aus ihrer Mitte kamen) abgesichert. Die Entwicklung der spartanischen Verfassung vom 8. bis zum 6. Jahrhundert ging demnach dahin, den Einfluß einzelner Personen, z. B. der Könige, im Interesse der Institutionen zurückzudrängen.

Die spartanische Verfassung „mischte" die bekannten Verfassungsformen. Sie war keine Monarchie, obwohl das Königtum, anders als in allen anderen Städten, nicht beseitigt wurde. Auch die Bezeichnung als Oligarchie, als Adelsherrschaft verstanden, taugt nicht für Sparta. Zwar betrachteten die Spartaner im 5. Jahrhundert die Adligen der griechischen Städte als natürliche Verbündete im Kampf gegen das demokratische Athen, so daß sie in der politischen Propaganda als Oligarchen und Demokratie-Feinde gebrandmarkt wurden; dennoch läßt sich die spartanische Verfassung nicht als Adelsherrschaft im traditionellen Sinne deuten. Und schließlich war sie auch keine Demokratie, obwohl die Volksversammlung und insbesondere die Ephoren als Vertreter der gesamten Bürgerschaft großen politischen Einfluß hatten. Vollendete Demokratie im griechischen Sinne heißt, daß im Gesamtgefüge der Institutionen nur noch die Volksversammlung Einfluß besitzt. Für das Funktionieren einer Demokratie bietet das Athen des 5. Jahrhunderts reiches Anschauungsmaterial. In Sparta dagegen war das Verhältnis der Institutionen zueinander erheblich ausgeglichener und zudem infolge der göttlichen Einbindung der Ordnung nahezu unantastbar. So erklärt sich der eigenartig labile, andererseits aber auch sehr flexible Charakter der Verfassung, in der sowohl das personale Element in Gestalt einflußreicher Könige, als auch das institutionelle Element in Gestalt des Ephorats dominieren konnten, ohne daß es zu inneren Unruhen (*staseis*) wie in anderen Städten kam. Der Philosoph Platon lobte die spartanische Ordnung, weil dort die Gesetze niemals auf ihre Qualität hin untersucht werden dürften, sondern immer zu befolgen seien, also auch dann, wenn man bessere gefunden habe; denn sie seien göttlichen Ursprungs. Damit hat er den konservativen Grundzug dieser Ordnung gut umschrieben.

Die Bevölkerung des lakedaimonischen Staates war dreigeteilt: Der kleinste, aber allein bestimmende Teil waren die Vollbürger; ein zwar freier, aber nicht mit bürgerlichen Rechten ausgestatteter Teil waren die Periöken; unfrei war die bei weitem größte Gruppe, die Heloten. Die Vollbürger Spartas, welche sich selbst die „Gleichen", nannten, waren in einer für sie selbst beängstigenden Minderheit. Denn die Mehrheit war als Unfreie gezwungen, für den Lebensunterhalt der Vollbürger zu arbeiten, damit diese genügend Muße zum Kriegführen oder zum gemeinsamen Speisen hatte.

Die Vollbürger Spartas hießen **Spartiaten**. Wer zu ihnen gehören wollte, mußte verschiedene Voraussetzungen erfüllen. Die Kontrolle des einzelnen begann bereits mit der Geburt. Er mußte aus einer ordentlichen Spartiatenfamilie stammen, d. h. beide Eltern mußten Bürger sein. Jedes Neugeborene wurde von einem Ältestengremium auf seine körperliche Tauglichkeit hin geprüft und erst dann in die Bürgerliste eingeschrieben. Schließlich mußte ein Spartiat über Besitz verfügen, der genügend Einnahmen zur Führung des Spartiatenlebens abwarf. Wenn einer seinen Beitrag zu den gemeinsamen Mahlzeiten nicht mehr leisten konnte, wurde er aus der Gemeinschaft ausgeschlossen und in einen geringeren Status innerhalb der Vollbürgerschaft versetzt, was einen Verlust seiner politischen Rechte einschloß (*hypomeiones*). Spartiaten waren darüber hinaus verpflichtet, eine Art Schulausbildung in spartanischer Lebensführung zu absolvieren und sich anschließend aktiv am politischen, militärischen und gesellschaftlichen Leben zu beteiligen. Eine mangelhafte Note auch nur in einem dieser „Fächer" brachte den Betreffenden um seinen Status. Die Vollbürger pflegten ihre Exklusivität und nannten sich die „Gleichen" – mit dem Hintersinn, daß alle anderen ungleich waren. Es ist zwar möglich, daß es innerhalb der „Gleichen" Familien gab, die noch ein bißchen gleicher waren, aber die gehobene Position der Spartiaten als Ganzes ließ generell (mit Ausnahme der Könige) keinen Adel im traditionellen Sinne aufkommen.

Die Stadt Sparta, gemessen an ihrer Vollbürgerzahl, war klein. Während der Perserkriege zu Beginn des 5. Jahrhunderts kämpften noch 8 000 Spartiaten, aber ihre Zahl nahm stetig ab, und als sie in der Mitte des 3. Jahrhunderts unter 1 000 sank, waren einschneidende Reformen nötig, um den Staat funktionsfähig zu halten. Die Gleichheit der Spartiaten drückte sich auch im Besitz aus – oder sollte es der Idee nach wenigstens. Die Überlieferung verbindet noch mit dem Namen Lykurg die Einteilung des lakonischen Gebietes in 39 000 Landlose gleicher Größe für 30 000 Perioken und 9 000 Spartiaten, wobei die Spartiaten die fruchtbare lakonische Ebene erhielten, während die Perioken an der Peripherie angesiedelt wurden. In historischer Zeit berichten unsere antiken Gewährsmänner wie Aristoteles allerdings von zunehmender wirtschaftlicher Ungleichheit unter den „Gleichen", aber wichtig ist, daß die Idee der Gleichheit der Bürger in alle Lebensbereiche hineinragte, in den gesellschaftlichen, in den politischen und auch in den wirtschaftlichen. Diese Idee stellte erhebliche Anforderungen an den einzelnen Spartiaten; er mußte sein gesamtes Sein auf den Staat hin ausrichten. Die Möglichkeit für ein solches Leben boten ihm die auf seinen Gütern arbeitenden Heloten, die Staatssklaven. So waren die Spartiaten frei, militärisch zu trainieren, sich politisch zu beraten, ihre Geselligkeit zu pflegen, Wettkämpfe zu veranstalten, kurz: den Staat in den Mittelpunkt ihres Denkens und Handelns zu stellen.

Zum Staat der Lakedaimonier gehörten auch jene Städte, die an den Gebirgsrändern von Taygetos und Parnon oder an der Küste um Sparta herum lagen. Die Bewohner dieser Städte hießen folglich **Perioken** (Herumwohner), womit ihr enger Bezug zu Sparta, jedoch nicht ihre Integration in den lakedaimonischen Staat ausgedrückt ist. Auch die Perioken gehörten aber zum Stamm der Dorier und sprachen den dorischen Dialekt der Spartaner. Die Abhängigkeit der Periökenstädte von Sparta ergibt sich daraus, daß sie Heeresfolge leisten mußten, regelmäßige Abgaben zu zahlen und Eingriffe in ihre Rechtssprechung hinzunehmen hatten. Integraler Bestandteil des spartanischen Staatsverbandes waren sie jedoch nicht, einmal weil sie sich selbst verwalteten und zum anderen, weil sie keinerlei politische Rechte in Sparta besaßen. Die Bewohner der Periökenstädte arbeiteten auf ihrem (etwas kärgerem) Land als Bauern oder in den Berufen, die den Spartiaten verboten waren: als Geschäftsleute, Händler oder Handwerker. Die Städte, angeblich 100 an der Zahl, können ihre Entstehung einmal auf die Wanderungszeit zurückführen, zum anderen darauf, daß Sparta in der näheren Umgebung Bollwerke (Kolonien) zum Schutz vor Heloten sowie gegen die benachbarten Messenier, Arkader und Argiver errichten mußte. Ihr Verhältnis zu Sparta ist jedoch noch enger als das einer Tochter- zu einer Mutterstadt; es ist vergleichbar dem Verhältnis der Kolonien latinischen Rechts zu Rom im Italien des 4. Jahrhunderts: Sie waren *poleis* mit begrenzter eigener Verwaltung, außenpolitisch aber vollkommen von der Hauptstadt abhängig (ähnlich wie Andorra oder Monaco von Frankreich abhängig sind). Der Periökenstatus bildete ein Zwischenglied zwischen den Unterworfenen (Heloten) und den völkerrechtlich souveränen Verbündeten des Peloponnesischen Bundes, so wie die latinischen Städte zwischen dem *ager Romanus* (dem römischen Staatsgebiet) und den *socii*, den Bundesgenossen Roms, anzusiedeln waren.

Den größten Bevölkerungsanteil im spartanischen Herrschaftsgebiet Lakonien und Messenien stellten die **Heloten**. Der Begriff bedeutet: die Eroberten, Gefangenen, womit der Bezug auf die gewaltsame Eroberung des Landes und seiner Bevölkerung durch die Dorier ausgedrückt ist. Völkerrechtliche Dokumente Spartas bezeichnen sie regelmäßig als Sklaven. Zu unterscheiden ist allerdings zwischen den lakonischen und den messenischen Heloten. Letztere konnten erst nach zwei besonders langwierigen Kriegen des 8. und 7. Jahrhunderts unterworfen werden. Jahrhundertelang kämpften sie darum, ihre Freiheit wiederzugewinnen und Messenien zu einem unabhängigen Staat zu machen; sie stellten also eine permanente Bedrohung für Sparta dar. Ihr Ziel erreichten sie aber erst, als die Spartaner 371 v. Chr. von den Thebanern bei Leuktra entscheidend besiegt wurden.

Die Institution der Sklaverei wurde in der Antike nur selten in Frage gestellt; man war davon überzeugt, daß es Sklaven geben müsse. Die Helotisierung empfanden die antiken Autoren jedoch als eine besonders abstoßende Form der Unterdrückung. Das hängt einerseits mit dem auffallenden Mißverhältnis zwischen der Anzahl der freien Bürger und der Anzahl der Heloten, zum anderen aber auch mit befremdlichen Einrichtungen der Spartiaten zusammen. Jedes Jahr hatten z. B. die Ephoren den Heloten erneut förmlich den Krieg zu erklären, so daß Heloten jederzeit wie Freiwild getötet werden konnten. Aufgrund dieser Kriegserklärung konnten junge Spartiaten zu militärischen Übungszwecken alljährlich ausgesandt werden, um nachts Heloten aufzuspüren, zu überfallen und umzubringen (*Krypteia*).

Die Heloten arbeiteten auf den Ländereien der Spartiaten, jedoch nicht als Privat-, sondern als Staatssklaven. Von dem Ertrag ihrer Arbeit mußten sie einen festen und ziemlich hohen Anteil an ihre Herren abführen. Sie waren an die Scholle gebunden und durften nicht außerhalb Lakoniens und Messeniens verkauft werden. In begrenztem Umfang wurden Heloten auch zum Dienst im Heer, vor allem als Leichtbewaffnete oder Ruderer, herangezogen. Als Lohn für diesen Kriegsdienst konnten sie vom Staat freigelassen werden und „wohnen, wo immer sie wollen". Trotz der drückenden Abhängigkeit waren persönliche Beziehungen zwischen Heloten und Spartiaten möglich. Sie ergaben sich insbesondere im häuslichen Dienst und im Felde. Kinder aus Verbindungen zwischen Spartiaten und Helotenfrauen, sogenannte *mothakes*, wurden zwar nicht als Vollbürger anerkannt, hatten aber Anteil an der bürgerlichen Erziehung.

Die Ausbeutung der Heloten und gleichzeitig die Furcht vor ihnen bestimmten das Wesen des spartanischen Staates. Einerseits wurden sie immer als Kriegsgegner betrachtet, anderererseits arbeiteten sie auf den Gütern der Spartiaten für deren Lebensunterhalt. Sie ermöglichten damit wiederum einerseits den Spartiaten ein gänzlich auf den Krieg und den Staat ausgerichtetes Leben, auf der anderen Seite erzwangen sie dieses Leben, weil die Spartiaten sich ständig vor ihren Aufständen fürchten und sich darauf einstellen mußten. Die messenischen Heloten mußten nach der Schlacht bei Leuktra 370 freigelassen werden, aber noch bis in die Zeit der römischen Herrschaft über Sparta, d.h. bis 146/5 v. Chr., gab es lakonische Heloten. Ihre Zahl wurde allerdings schon zu Beginn des 2. Jahrhunderts beträchtlich durch die Freilassungspolitik des Tyrannen Nabis verringert.

Die Aufteilung der Gesellschaft in Heloten, Perioken, Spartiaten ist im übrigen Griechenland ohne Parallelen. Für die kleine spartiatische Führungsgruppe bestand die Gefahr darin, daß sich Perioken und vor allem Heloten zu emanzipieren bzw. zu befreien versuchten. Um dieser Gefahr zu begegnen, richteten die Spartiaten – wie erwähnt – ihr ganzes Leben auf sie aus. Eine Zeitlang schützte ihre Ausbildung im Krieg sie nicht nur vor möglichen Aufständen zu Hause, sondern brachte ihnen als eine Art Nebenprodukt die Hegemonie zunächst auf der Peloponnes, schließlich sogar in ganz Griechenland ein. Mit diesem Aufstieg Spartas wird sich das folgende Kapitel befassen.

III. Der Aufstieg Spartas zur Hegemonialmacht in Griechenland vom 8. bis 6. Jh. v. Chr.

Die Grundlage dafür, die Ordnung Spartas beschreiben zu können, liefern Berichte von griechischen, wenn auch nicht spartanischen Autoren. Der Aufstieg Spartas hatte ihr Interesse auch an dessen Verfassung geweckt, die sie als etwas ganz Besonderes beschrieben. Vom Werden dieser Verfassung hatten sie freilich eine weniger klare Vorstellung. Sie vertrauten auf die schon erwähnten Legenden und mythischen Erzählungen, die die Spartaner selbst verbreitet haben mochten, um ihrer Ordnung göttlichen Ursprung zu verschaffen. Damit stehen wir vor einem fast unlösbaren Problem, wenn wir den Aufstieg Spartas in seinem historischen Ablauf rekonstruieren wollen. Die Geschichte dieses Aufstiegs gleicht einem schlecht erhaltenen Buch, dessen Schluß wir nachlesen können, dessen Inhaltsverzeichnis sogar in Fragmenten vorliegt, dessen Gedankenführung, Leitlinien und erst recht Einzelheiten aber verloren sind und nur erahnt werden können.

Der Zeitraum, den dieses Kapitel untersucht, beträgt etwa 250 Jahre: von der Mitte des 8. Jahrhunderts bis 500 v. Chr. Dem rückblickenden Betrachter drängt sich der Eindruck eines geradezu folgerichtigen, geraden Weges Spartas auf, der über die Stationen der Beherrschung Lakoniens und Messeniens und der Einrichtung des Peloponnesischen Bundes zu der Stellung eines Prostates (Vorsteher) Griechenlands führte. Aber der Eindruck täuscht.

Die Zeit des Aufstiegs Spartas war eine Zeit großer Veränderungen in Griechenland. Man bezeichnet sie seit dem 19. Jahrhundert als „Archaische Epoche" (800–500 v. Chr.), als eine Art Vorstufe zur hohen Blüte Griechenlands, der „Klassischen Epoche" (500–336 v. Chr.). Die politische Geographie des archaischen Griechenlands war geprägt von dem Nebeneinander Hunderter von Städten, die mehr oder weniger unabhängig mit ihren individuell verschiedenen Problemen und oft genug auch gegeneinander zu kämpfen hatten.

Aber es gab auch übergeordnete, alle griechischen Städte in gleicher Weise berührende Entwicklungen.

An erster Stelle muß die Herausbildung der *polis* genannt werden. Man kann sie auch als Versachlichung des Staates bezeichnen, wenn man darunter die Verlagerung der Macht im Staat von Einzelpersonen (Königen, Adligen) auf Institutionen der Stadt versteht. Dieser Prozeß war langwierig und alles andere als gleichförmig; er war begleitet von Machtkämpfen, sozialen Krisen und Tyrannenherrschaften, alles in allem: eine Zeit der Widersprüche. An ihrem Ende setzte sich die *polis* durch. Zum zweiten wuchs Griechenland trotz aller Zersplitterung immer mehr zusammen. Diese Entwicklung wurde in erster Linie von gemeinsamen Kultstätten wie Delphi oder Olympia getragen, wo der Legende nach 776 v. Chr. die berühmten Spiele zu Ehren des höchsten Gottes am griechischen Götterhimmel eingerichtet worden waren. Damit diese Olympischen Spiele ungestört ausgetragen werden konnten, mußten sich alle Teilnehmerstaaten verpflichten, Sportler und Besucher ungehindert und geschützt durchreisen zu lassen (der berühmte „Olympische Friede"). Solche Stätten der Begegnung förderten das Zusammengehörigkeitsgefühl. Apollon (Delphi) und Zeus (Olympia) gehörten zudem zum olympischen Pantheon, das durch Homers und Hesiods Werke in allen Teilen Griechenlands bekannt wurde und ausgesprochen verbindend wirkte. Dieselbe Wirkung hatte auch die griechische Kolonisation, also die Gründung von Städten durch Griechen inner- und außerhalb Griechenlands; in der Fremde und umgeben von fremden Menschen wurden die Kolonisten, aber auch die zu Hause Gebliebenen sich erst recht ihrer Zusammengehörigkeit bewußt.

Die Kolonisation verweist auf ein drittes Merkmal der archaischen Zeit, nämlich die Ausbreitung des Griechentums in alle Regionen des Mittelmeerraumes. Seit der Mitte des 8. Jahrhunderts gründeten – wie bereits erwähnt – Städte wie Korinth, Megara, Milet und auch Sparta Tochterstädte an den Küsten Siziliens, Italiens, Frankreichs, am Schwarzen Meer und Afrika – eine Bewegung, die anzeigt, wie die Bevöl-

kerung im Mutterland zunahm und wie man soziale und wirtschaftliche Probleme lösen konnte. Mit dieser territorialen
Expansion und durch Reisen in ferne Gegenden erweiterte
sich auch der geistige Horizont der Griechen; Naturbetrach-
tungen und Philosophie wurden als Folge davon in eine neue,
rationale und weniger mythenbeherrschte Dimension geführt.
So ist der Boden bereitet für die Entstehung der ionischen Na-
turphilosophie des 6. Jahrhunderts v. Chr. (Thales von Milet).

Bei dieser Übersicht über die Entwicklungen der archaischen Zeit Griechenlands wollen wir es bewenden lassen und
unseren Blick wieder auf Sparta richten. Wenn wir von einem
Sonderweg dieser Stadt sprechen, meinen wir nicht, daß Sparta von den oben beschriebenen Entwicklungen unberührt
blieb, sondern daß es in bemerkenswerter Eigentümlichkeit
auf diese reagierte.

Am Anfang des spartanischen Sonderweges stehen die beiden **messenischen Kriege,** durch welche Sparta sich seinen
westlichen Nachbarn Messenien unterwarf und dessen Bewohner helotisierte. Es waren langwierige, schwere, ja die
spartanische Existenz bedrohende und auch für die innere
Entwicklung Spartas äußerst folgenreiche Kriege, vergleichbar
der Bedeutung der Punischen Kriege für Roms Aufstieg zur
Weltmacht.

Für den **1. messenischen Krieg** ist unsere wichtigste Infor-
mationsquelle ein Gedicht des Tyrtaios, der sich im 7. Jahrhundert als Zeitzeuge des 2. messenischen Krieges an den ersten erinnert. Er schreibt: „Messene, gut zu pflügen, gut zu
säen. Die Speerkämpfer, die Väter unserer Väter waren,
kämpften dafür 19 Jahre ununterbrochen, stets hatten sie ein
handfestes Herz. Und im 20. Jahr verließen sie ihre reichen
Äcker und flohen aus den Bergen von Ithome". Wir erfahren
also, daß diese erste Auseinandersetzung Spartas mit Messeni-
en in der 3. Generation vor Tyrtaios stattfand und 20 Jahre
dauerte, weiter daß die Fruchtbarkeit der messenischen Äcker
das Begehren der Spartaner weckte, und schließlich, daß sich
der Krieg offenkundig um den im Norden Messeniens gelege-
nen Berg Ithome konzentrierte. Eine andere, viel spätere

Quelle (Pausanias aus dem 2. Jh. n. Chr.) nennt den Namen des spartanischen Königs Teleklos. Dieser König hatte bereits in der 2. Hälfte des 8. Jahrhunderts das Dorf Amyklai und die Stadt Helos in Südlakonien eingenommen. Nachdem auch der Süden Messeniens in seine Hand gefallen war, ist er, wahrscheinlich von den Messeniern, getötet worden. Der Krieg dürfte also Ende des 8. Jahrhunderts, vielleicht zwischen 735 und 715 v. Chr. anzusetzen sein.

Über die Gründe der Auseinandersetzung – außer der Gier nach Besitz – wissen wir wenig; die Legenden, die von beiden Seiten ausgestreut wurden, dienten dazu, sich zu rechtfertigen und den Gegner ins Unrecht zu setzen. Sie handeln von bösartigem Viehraub und von gegenseitigen Mordvorwürfen. Wir wissen also nicht, ob die Spartaner von Anfang an die Eroberung des fruchtbaren Landes planten, aber wir wissen, wie hart sie die nach 20-jährigem Ringen besiegten Messenier behandelten. Nur einige messenische Adlige entkamen; sie profitierten davon, daß sie Gastfreunde in Städten wie Sikyon und Argos oder in Arkadien hatten und begaben sich dorthin in Sicherheit. Das gesamte messenische Land wurde von Sparta aufgeteilt, an die eigenen Bürger und an Verbündete gegeben; die Masse der Messenier hatte auf diesem Lande zu arbeiten und die Hälfte des Ertrages an Sparta abzuführen, „wie Esel gedrückt von schwerer Last" (Tyrtaios). Diese Neu-Heloten wurden ferner gezwungen, durch Zeichen ihrer Unterwerfung die Oberhoheit des spartanischen Staates ständig anzuerkennen, etwa durch die Verpflichtung, bei Leichenbegängnissen spartanischer Könige anwesend zu sein und Trauer auszudrücken. All dies bedeutete für Messenien, daß es völkerrechtlich aufgehört hatte zu existieren, für Sparta, daß es sich eine schwere Hypothek für die Zukunft aufbürdete. Denn die immer lebendige Erinnerung an die frühere Freiheit und der drückende Status der Unterworfenen als Heloten trieben die Messenier, mehr noch als die lakonischen Heloten, immer wieder zu Aufständen gegen die spartanischen Herren; sie wurden für Sparta zu einer nie versiegenden Quelle der Bedrohung und der Angst.

In anderer Hinsicht wiederum zahlte sich der Erfolg gegen die Messenier für Sparta aus. Er brachte zunächst Zuwachs an Macht und Ansehen. Ein Gradmesser für das Prestige eines Landes war damals wie heute der Erfolg bei den Olympischen Spielen, und Sparta war erfolgreich: Seit 716, also seit dem Ende des Messenischen Krieges, dominierten spartanische Sportler in Olympia, ein untrügliches Zeichen für den neuen Status der Stadt in Griechenland. Archäologische Funde zeigen, daß um diese Zeit Rohstoffe und Kunstgegenstände aus aller Herren Länder nach Sparta importiert wurden, aus Griechenland, Makedonien, Kleinasien oder Ägypten, ein Beweis für Spartas wachsenden Reichtum. In dem gleichzeitig, ca. 700 v. Chr., erbauten Tempel für die Göttin Artemis Orthia fand man eine Fülle von Weihgaben, die den neuen Reichtum Spartas anzeigen, Weihgaben aus Gold, Silber, Elfenbein, Glas und Bronze. Aber ein anderer Reichtum zählte noch mehr: der Reichtum an fruchtbarem Land. Mit ihm konnte Sparta den Landhunger seiner Bürger stillen. Während andere Städte Teile ihrer Bürgerschaft zu Koloniegründungen aussenden mußten, um der Landnot infolge des Bevölkerungswachstums Herr zu werden, konnte Sparta binnenkolonisatorisch messenisches Land verteilen. Sparta gründete lediglich eine einzige überseeische Kolonie: Tarent in Unteritalien. Und die Gründung dieser Kolonie im Jahre 706 hängt gleichfalls mit dem messenischen Krieg zusammen. Ihre Gründungslegende von den sogenannten Partheniai, auf die ich in Kapitel VI über die Frauen in Sparta noch eingehen werde, läßt vermuten, daß weniger soziale als politische Gründe für die Aussendung der Kolonisten verantwortlich waren.

Spartas Landgewinn und Reichtum durch die Eroberung Messeniens waren teuer erkauft. Die Nachbarn im Norden und Osten, die Arkader und Argiver, waren aufgeschreckt, und die Messenier lauerten beständig auf ihre Chance, ihre Freiheit zu bekommen. Die Gelegenheit zum Aufstand schien günstig, als Sparta 669 v. Chr. eine empfindliche Niederlage gegen Argos einstecken mußte. Diese Revolte ist als 2. messenischer Krieg in die Geschichte eingegangen. Datum, Dauer und Ablauf des Krieges können heute kaum mehr rekonstruiert werden. Wahrscheinlich ist, daß er kurz nach 669 begann und erst gegen Ende des Jahrhunderts beendet werden konnte. Es war ein mörderischer Krieg. Für die Spartaner glich die Erinnerung an ihn einem Trauma. Die Ausmaße der Bedrohung und die weitreichenden Folgen des Krieges für Sparta finden eine Parallele nur in der Bedeutung des Hannibal-Krieges für Rom mehr als 400 Jahre später. Sparta siegte schließlich über die Aufständischen und konnte seine Suprematie über Messenien festigen. Wichtiger noch waren die Konsequenzen des Krieges für Spartas innere Ordnung. Aristoteles berichtet, daß der Krieg zu schweren sozialen Belastungen in der spartanischen Gesellschaft geführt habe, daß Forderungen nach einer Bodenreform laut geworden seien, kurz: daß die Stadt Sparta in „Unordnung" gewesen sei (Pol. 1306 b 37 ff.). Nicht von ungefähr schrieb der Zeitgenosse des Krieges, Tyrtaios, in Sparta ein Gedicht über „Wohlordnung", *eunomia*. *eunomia* war ein häufig und in vielen griechischen Städten benutztes Schlagwort dieser Zeit. Es drückte den Wunsch nach einer Ordnung aus, die sich auf Gesetzen gründen und an die Stelle von Aufruhr und Revolten treten sollte. Auch Solon von Athen schwebte eine solche gesetzliche Ordnung vor, als er zu Beginn des 6. Jahrhunderts v. Chr. eine tiefgreifende Krise seiner Vaterstadt als Schlichter zwischen Armen und Reichen beheben sollte; daß er später als Begründer der Demokratie gefeiert wurde, lag weder in seiner Absicht noch überhaupt in seinem Vorstellungsvermögen. Diese „Unordnung" in den Städten Griechenlands war es auch, die nach dem Urteil Solons und anderer Gesetzgeber Tyrannen hervorbrachte, wie z. B. um 650 v. Chr. in Korinth die Tyrannendynastie der Kypseliden. Eine Tyrannis war die Herrschaft eines einzelnen, der die Macht in einem Stadtstaat übernahm, ohne daß er dazu von der Gemeinschaft der Bürger oder in anderer Weise legitimiert worden wäre. Sparta umging die Gefahr einer Tyrannis. Es blieb von ihr verschont, weil es seinen Staat neu ordnete, „wahrend das gültige Recht", wie Tyrtaios formulierte. Diese Neuordnung, die Eunomie, wurde durch die Krise des Staates im 2. messenischen Krieg notwendig. Sie bestand zum einen darin, daß die soziale Krise beendet werden konnte, und zum anderen darin, daß Könige, *gerusia* und Volksversammlung ihre klar abgesteckten Kompetenzbereiche erhielten und im Interesse des Staates zusammenwirkten. Auch Solon hatte den Staat gegenüber Einzelinteressen stärken wollen, war aber zunächst gescheitert. In Sparta dagegen war die Eunomie erfolgreich. Von diesem Erfolg hing, das wußte man in der Stadt, nichts weniger als die Existenz des Staates ab.

Die neue Ordnung Spartas stützte sich auf die Kampfformation der erfolgreichen spartanischen Krieger. In der Mitte des 7. Jahrhunderts v. Chr., also zur Zeit des 2. messenischen Krieges, setzte sich in Sparta nämlich eine neue Kampfesweise endgültig durch: Eine Schlachtreihe, die aus schwerbewaffneten Soldaten (Hopliten) bestand, versuchte in geschlossener Formation, den Gegner mit der ganzen Wucht ihrer Masse zurückzudrängen. Diese Entwicklung in Sparta war die Folge deprimierender Niederlagen gegen Argos und die Messenier. Vor allem Argos war damals militärisch führend in Griechenland; von ihm übernahm auch Sparta die Hoplitenformation. Mit dieser allmählichen Übernahme stellte sich nicht nur der militärische Erfolg ein, sondern veränderte sich auch das Gesicht des spartanischen Staates. Denn diejenigen Bürger, die als Hopliten vom Staat gebraucht wurden, forderten als Gegenleistung für ihren Dienst politische Mitbestimmung, z.B. in der Frage, ob ein Krieg, in dem sie eingesetzt werden sollten, überhaupt geführt werden sollte. Da sie erfolgreich waren in der Ausübung ihrer Soldatentätigkeit, wuchs mit ihrem Selbstbewußtsein auch ihr Einfluß auf den Staat. Sie trainierten, um immer besser zu werden, und sie wurden besser als die Hopliten aller anderen Städte, weil sie nichts anderes außer ihrem Training zu besorgen hatten, denn dank der spartanischen Staatssklaven, der Heloten, brauchten sie für ihren Lebensunterhalt ja nicht mehr zu arbeiten. So lebten die Spartiaten nur noch für den Krieg und die Politik. Im Bewußtsein ihrer Stärke und ihrer Unersetzlichkeit nannten sie sich

„die Gleichen"; nur wer zu ihnen gehörte, war zum Bürger qualifiziert. Sparta war damit zu einem Hoplitenstaat ganz besonderer Prägung geworden.

Sparta befand sich nach dem 2. messenischen Krieg in einer gewaltigen Aufbruchstimmung, die um 600 v. Chr. auch Kunst, Literatur und Musik ungeahnte Impulse verlieh. Der Erfolg hatte allerdings zwei Seiten. Die eine Seite bildeten Reichtum, Machtzuwachs und Ruhm, der weit über die Grenzen der Peloponnes hinausstrahlte. Auswärtige Gesandtschaften von überall her gaben sich in Sparta ein Stelldichein, um die ruhmreichen Spartiaten als Bündnispartner zu gewinnen. Als Folge davon stieg deren Selbstvertrauen ins Unermeßliche und verlangte nach neuen Heldentaten. Aber es gab eine andere Seite des Erfolges: den Haß der unterworfenen Messenier. Diese lauerten nur darauf, das ihnen auferlegte Joch wieder abzuschütteln. Des weiteren brachte der Erfolg viel Neid und Furcht unter den Nachbarn hervor, die sich vor einem weiteren Ausgreifen Spartas fürchteten. Diese Furcht war berechtigt, denn da fremde Mächte und Könige mit kostbaren Geschenken um ein Bündnis mit Sparta buhlten, waren die Verlockungen, sich auch außerhalb der Peloponnes militärisch zu engagieren, dementsprechend groß, und genauso groß wurde damit die Gefahr, die eigenen Kräfte zu überdehnen. Schließlich wäre Sparta nicht der erste Staat gewesen, den gescheiterte Großmachtträume auf den Boden der Tatsachen zurückgebracht hätten. Alles in allem mußte der Erfolg sich auf die innere Ordnung Spartas auswirken, fraglich war nur, in welcher Weise dies erfolgen würde.

Sparta hatte sich auf die neue Situation eingestellt. Die Garanten des Erfolges, die Hopliten, wurden gestärkt und darüber hinaus gleichsam per Verfassungsauftrag verpflichtet, ihr Kriegshandwerk zu perfektionieren. Fremde waren jetzt nicht mehr gern in Sparta gesehen; sie mochten vielleicht ein Gedankengut mitbringen, das die strengen Vorschriften in Frage stellte oder aufweichen konnte. Allmählich wichen auch die Feinsinnigkeit, Literatur, Musik und Malerei der kriegsbetonten Lebensphilosophie dieses „Heerlagers" Sparta – um

500 v. Chr. ist das kulturelle Schaffen Spartas abgestorben. Dies war der Preis, den das bevölkerungsarme Sparta für seinen Sonderweg in Griechenland zahlen mußte. Wir können nicht sagen, wer diese Entwicklung wann eingeleitet hat; manche nennen als Urheber den Ephoren des Jahres 556/5 v. Chr., Chilon. Vieles spricht aber dafür, daß der 2. messenische Krieg einen Wandlungsprozeß in Gang gesetzt hatte, der um die Mitte des 6. Jahrhunderts v. Chr. seinen vorläufigen Abschluß fand.

Außenpolitisch wirkte sich dieser Prozeß der Konzentration des Lebens auf den Krieg ausgesprochen aktivierend aus. Um 500 hatte Sparta einen Aktionsradius von Sizilien und Italien im Westen bis nach Persien im Osten und Afrika im Süden; man baute eine Flotte, die, wie aus einer allerdings späten Quelle hervorgeht, zwischen 517 und 515 v. Chr. sogar seebeherrschend gewesen sein soll. In Griechenland selbst agierte Sparta als eine Art Polizist, der sich in die inneren Angelegenheiten vieler Städte einmischte. Nur selten erhoben sich warnende Stimmen in Sparta, die mahnten, die eigenen Kräfte nicht zu überschätzen – vielleicht eine Vorahnung des künftigen Geschickes der Stadt.

Die wichtigste außenpolitische Tat Spartas um die Mitte des 6. Jahrhunderts war die Gründung des Peloponnesischen Bundes. Nun war es keineswegs zwangsläufig, daß Sparta zur beherrschenden Macht auf der Peloponnes wurde. Im Gegenteil, Arkadien oder Argos schienen eher geeignet für eine Hegemonialrolle zu sein als das von Gegnern umgebene Sparta. Aber Sparta war aus den messenischen Kriegen nicht nur außen-, sondern auch innenpolitisch gestärkt hervorgegangen. Neue Kräfte wurden freigesetzt, die gegen die alten Gegner Argos und Arkadien erfolgreich eingesetzt werden konnten. So gelang es, in einer denkwürdigen Schlacht ca. 546 v. Chr. gegen Argos einen Sieg zu erringen, den die Spartaner fortan alljährlich bei ihrem Fest der Gymnopädien (einer Wettkampfveranstaltung zu Ehren des Gottes Apollon) mit dem sogenannten thyreatischen Kranz feierten (die Spartaner hatten einst die Landschaft Thyreatis den Argivern abgenommen).

Sparta zerstörte mit diesem Sieg das argivische „Reich", dem nicht nur die Thyreatis – eine zwischen beiden Städten umstrittene Grenzregion im Norden des Parnon –, sondern auch die Insel Kythera verloren ging. Über diesen Verlust ist Argos lange nicht hinweggekommen.

Historisch noch bedeutender als der Sieg über Argos erwiesen sich für Sparta um die Mitte des 6. Jahrhunderts Erfolge gegen die Arkader, denn mit diesen Erfolgen legten die Spartaner den Grundstein für ihr nachmals so wirkungsvolles Bündnissystem. Mag sein, daß Sparta ursprünglich die Absicht hatte, auch Arkadien zu helotisieren. Aber die Gegenwehr war heftig, und letztlich begnügten sich die Spartaner, Verträge mit Tegea und anderen arkadischen Städten zu schließen. Darin verpflichteten sich diese, „dieselben als Freunde und Feinde anzusehen wie die Lakedaimonier", also auch Militärhilfe bei Helotenaufständen zu gewähren. Der Peloponnesische Bund war geboren (s. Kap. IX). Mit ihm wurde Sparta allmählich zur Hegemonialmacht der Peloponnes und Griechenlands. Um auch diese Stellung gewissermaßen „göttlich" zu legitimieren, fiel den Spartanern folgendes Verfahren ein. Als es gegen Tegea nicht gut stand, befragten sie das Orakel von Delphi, und dieses prophezeite ihnen Erfolg, wenn sie die Gebeine des Orestes in Tegea aufspürten und nach Sparta heimführten. Orestes war der Sohn Agamemnons, des griechischen Führers im Trojanischen Krieg. Nach einiger Zeit erfolglosen Suchens gelang es einem Spartaner, Orest in Tegea „ausfindig" zu machen, und so wurden die Gebeine zu ihrer neuen Heimstätte nach Sparta geschafft. Tegea wurde daraufhin von Sparta bezwungen. Diese Geschichte legitimierte Spartas Führungsanspruch, denn wie die Gebeine des Agamemnon-Sohnes Orestes als das Symbol der vordorischen Peloponnes von spartanisch-dorischer Erde bedeckt waren, so übernahm – in Ausdeutung des Mythos – auch die dorische Stadt Sparta die Rolle des vordorischen Agamemnon als Führungsmacht der Halbinsel. Delphi sanktionierte diese Interpretation – ein frühes Beispiel für Reliquienverehrung.

Der Aktionsradius spartanischer Politik vergrößerte sich immer mehr. Seit der Mitte des 6. Jahrhunderts wurde Sparta umworben von ausländischen Mächten wie Kroisos von Lydien, von den Skythen oder Amasis von Ägypten. In Griechenland selbst mischte sich Sparta ein, wo immer es wollte. Dabei erwarb es sich den Ruf eines Tyrannenfeindes. Überall sollen die Spartaner Tyrannen vertrieben haben, so etwa in Korinth, Athen, Samos, Naxos. Ob dieser Ruf auch der Realität entsprach, sei dahingestellt – Sparta war jedenfalls in Griechenland, ob gerufen oder nicht, allgegenwärtig.

Tyche, die griechische Version der römischen Schicksalsgöttin Fortuna, schenkte den Spartanern, als sie auf dem Höhepunkt ihres Aufstiegs zur Hegemonialmacht angelangt waren, den König **Kleomenes**. Aus dem Königshause der Agiaden stammend, bestimmte er in einer eigentümlichen Mischung aus Dynamik und Selbstbeschränkung die spartanische Außenpolitik zwischen 520 und 490. Kleomenes war einsichtig genug, um zu erkennen, daß den Möglichkeiten des spartanischen Staates Grenzen gesetzt waren. Für ihn lagen diese Grenzen innerhalb Griechenlands, genauer: innerhalb des griechischen Mutterlandes. Die Ägäis und insbesondere die kleinasiatischen Griechen lagen außerhalb seines Interessenbereiches. Die Selbstbeschränkung freilich, die Kleomenes außenpolitisch bewies, sucht man bei der Bewältigung von innenpolitischen Konflikten mit den staatlichen Institutionen sowie seinem Mitkönig vergebens. Er war selbstherrlich, eigenwillig, rücksichtslos und nutzte seine persönlichen Beziehungen zu Adligen in allen Städten Griechenlands, um Politik an den Institutionen seiner Heimatstadt vorbei zu machen. Kaum etwas spiegelt die politischen Widersprüche in Sparta am Ende der archaischen Zeit, der Übergangsphase zum „Staat der Lakedaimonier", so sinnfällig wider wie das Auftreten des Kleomenes als König. Man sagte ihm z.B. nach, daß „er von überall her ein Heer zusammensammle und nicht sage, wozu er es gebrauchen wolle". Es verwundert nun nicht, daß sich sein Mitkönig und die staatlichen Institutionen übergangen fühlten und ständig Auseinandersetzungen mit ihm führten. Kleomenes setzte im übrigen die stark religiös orientierte Politik Spartas fort und suchte für alle seine Aktionen nach Rechtfertigung durch die göttlichen Mächte. Eine besondere Rolle spielte dabei das Orakel von Delphi, dem sich Sparta verstärkt zuwandte. Der Wille der Götter galt verbindlich – auch für einen König wie Kleomenes. Daher fanden Kritik und Skepsis gegenüber den Göttern, die im ionischen Griechentum im Zuge ihrer Hinwendung zur Naturwissenschaft etwa zeitgleich mit Kleomenes immer häufiger und stärker geäußert wurden, in Sparta keinen Platz. Sein außenpolitisches Konzept war weitsichtig geplant. Kleomenes schwebte eine Art Hegemonialsystem vor, in dem alle Städte eine Interessengemeinschaft unter spartanischer Führung bilden, gleichzeitig aber ihre Autonomie behalten sollten. Deshalb schonte er etwa Argos, das bei Tiryns/Sepeia 494 v. Chr. unter seiner Führung vernichtend geschlagen wurde, und in diesem Sinne baute er, klug vorsorgend, wie die Zukunft zeigen sollte, den Peloponnesischen Bund aus. Über das griechische Mutterland hinausweisenden Ambitionen unter den Spartiaten erteilte er eine klare Absage; man könnte von einer Kleomenes-Doktrin sprechen. Wohl gab es verlockende Angebote, etwa des Maiander, der gerne Tyrann in Samos geworden wäre und spartanische Unterstützung erbat, oder des Aristagoras von Milet, der im Jahre 500 Hilfe für den Aufstand der ionischen Städte Kleinasiens gegen die persische Herrschaft benötigte, aber sie hatten mit ihrem Werben bei Kleomenes keinen Erfolg, obwohl sie großen Ruhm und Reichtum in Aussicht stellten. Ebenso lehnte er um 514 einen Vorschlag der Skythen ab, gemeinsam gegen die Perser vorzugehen. Gleichzeitig aber trat Kleomenes jedem auswärtigem Zugriff auf das griechische Mutterland entgegen. Deshalb war er 491 über das Ansinnen des Perserkönigs erbost, der durch seine Boten von allen griechischen Städten, auch von Sparta, Erde und Wasser als Symbole für ihre Unterwerfung unter die Perserherrschaft verlangt hatte. Kleomenes war wohl von einer tatsächlichen oder stillschweigenden Aufteilung der Einflußsphären ausgegangen – Kleinasien und die Ägäis den Persern, Griechenland für Sparta. Als die Perser diese Aufteilung mißachteten, kam es zum großen Krieg.

Nicht überall in Griechenland aber hatte Kleomenes Erfolg mit seiner Interventionspolitik. Insbesondere hatte das Scheitern seiner Strategie in Athen während der Jahre 511–506 v. Chr. weitreichende Konsequenzen für die Beziehungen zwischen den beiden Städten. Kleomenes ging es um die Eingliederung Athens in das spartanische Bündnissystem. Zuerst vertrieb er deshalb den perserfreundlichen Tyrannen Hippias – den letzten Sproß eines Tyrannengeschlechtes, das seit Jahrzehnten die Stadt beherrschte –, dann setzte er in dem daraufhin in Athen ausbrechenden Konflikt zwischen Isagoras und Kleisthenes auf den ersteren, weil dieser leichter zu beherrschen schien. Dabei erlebte Kleomenes einen schweren Rückschlag, denn mit dem Erfolg des Kleisthenes, dessen Reformen die Fundamente der athenischen Demokratie bildeten, kam es zum Bruch zwischen beiden Städten, der zwar durch die gemeinsame Bedrohung seitens der Perser und den darauffolgenden Krieg zwischenzeitlich gekittet, aber nicht dauerhaft überwunden werden konnte.

IV. „Die mächtigste und berühmteste Stadt Griechenlands": Spartas Hegemonie (490-404 v. Chr.)

Mit dem Abwehrkampf griechischer Städte gegen das persische Weltreich (500–479 v. Chr.) begann eine neue Ära, für Griechenland insgesamt und für Sparta im besonderen. Denn im Perserkrieg erwarb sich Sparta jenen legendenhaft verklärten Ruf der Unbesiegbarkeit in der offenen Feldschlacht und darüber hinaus den Ruhm, für die Freiheit aller Griechen eingetreten zu sein. Nur wenig später, als sich der Konflikt mit dem selbstbewußten und aufstrebenden Athen abzeichnete, wurde dieser Ruhm zum wichtigsten Kapital eines allmählich Verschleißerscheinungen zeigenden und überbeansprucht wirkenden Sparta. Wir schreiben das 5. Jahrhundert v. Chr., die Blütezeit der klassischen griechischen Kultur und Philosophie, und müssen feststellen, daß Sparta an dieser kulturellen Entwicklung und ihren Errungenschaften keinen Anteil hatte. Es war Athen, von dem dieser Glanz ausstrahlte. Ob Tragödie oder Komödie, ob bildende Kunst oder Architektur, ob Geschichtsschreibung oder Philosophie, ob Politik oder Wirtschaft: In Athen schien das neue Zentrum Griechenlands zu entstehen, vor dessen Dynamik, Kreativität, Selbstbewußtsein, Agressivität und Lebensfreude das alte Zentrum Sparta verblaßte.

Aber verfolgen wir die Entwicklung chronologisch. Noch befinden wir uns in der Zeit des Königs Kleomenes, als mit den Persern eine Macht Griechenland bedrohte, die schon seit einem halben Jahrhundert die östliche Welt und den kleinasiatisch-ägäischen Teil Griechenlands beherrschte. In der Mitte des 6. Jahrhunderts hatte ihr König Kyros auf dem Boden des alten Medischen Reiches das Persische Reich errichtet. Kyros und seine Nachfolger Kambyses und Dareios aus dem Geschlecht der Achämeniden beherrschten ein Gebiet, das von Kleinasien im Westen, Ägypten im Süden bis nach Baktrien und dem Indus im Osten reichte. Die persische Herrscherideologie, die, wie wir aus persischen Inschriften wissen, die Herrschaft über die ganze Welt anstrebte, forderte noch mehr. Daher hatte sich der persische Großkönig Dareios neue Eroberungsziele gesetzt. Diese lagen im Norden und Westen seines Reiches. Damit bedrohte er Griechenland, welches wiederum von Sparta als das eigene Einflußgebiet betrachtet wurde. Ein Aufeinandertreffen beider Seiten war daher nur eine Frage der Zeit.

Anlaß für diese große und, wie sich bald zeigen sollte, auch welthistorisch bedeutsame Auseinandersetzung zwischen dem Perserreich und den Griechen unter der Führung Spartas (500–479 v. Chr.) war jedoch nicht das persische Übergreifen auf das griechische Mutterland, sondern eine Revolte griechischer Städte des ionischen Stammes in Kleinasien unter der Führung Milets gegen die persische Herrschaft. Die Ursache für diesen „Ionischen Aufstand" (500–494 v. Chr.) lag darin, daß sich die unter persischer Oberhoheit lebenden Griechen politisch und wirtschaftlich bedrängt fühlten. Die Aufständischen wandten sich bei ihrer Suche nach Bundesgenossen zuerst an Sparta und seinen König Kleomenes als dem *prostates*, dem Vorsteher Griechenlands. Aber dieser lehnte jede Hilfeleistung mit der Begründung ab, daß das Perserreich zu mächtig und zu weit entfernt sei; Sparta könne es sich nicht erlauben, für längere Zeit ein Bürgerheer dorthin zu entsenden, das man dringend auf der Peloponnes benötige. So wurde der Aufstand, wie nicht anders zu erwarten, im Jahre 494 von den Persern niedergeschlagen – außer der euböischen Stadt Eretria und Athen hatte niemand den Ionern geholfen. Als die Perser vier Jahre später mit einem etwa 20 000 Mann starken Heer zum ersten Mal in Griechenland einfielen und Eretria zur Strafe für die Hilfeleistung für die Ioner zerstörten sowie Athen von der Ebene von Marathon aus bedrohten, brachen sie mit der gegenseitigen Respektierung der Einflußsphären. Spartas Kräfte waren jedoch durch einen Helotenaufstand gebunden, so daß ein Hilfskontingent von 2 000 Hopliten für Athen verspätet eintraf. Begründet wurde diese Verspätung freilich nicht mit der eigennützigen Selbstverteidigung, sondern mit religiös bedingten Verzögerungen des Abmarsches. Aber Athen siegte bei Marathon 490 v. Chr. unter der Führung des Strategen Miltiades auch ohne Spartas Hilfe, obwohl es den Persern in der Heeresstärke hoffnungslos unterlegen war. Diese Niederlage bei Marathon war für die Perser ein herber Rückschlag, den sie nicht auf sich sitzen lassen wollten. Neun Jahre später marschierte der neue Perserkönig Xerxes mit einem gewaltigen Aufgebot in einem Parallelzug zu Wasser und zu Lande über den Hellespont nach Thrakien, Makedonien, Thessalien, Böotien bis nach Attika – die Eroberung Griechenlands stand bevor. Nun war es an Sparta, die Verantwortung als Schutzmacht der Griechen zu übernehmen, und es entzog sich dieser Verantwortung nicht. Auf die Kunde von gewaltigen Rüstungen der Perser hin hatte Sparta bereits ein Jahr zuvor eine Versammlung des Peloponnesischen Bundes, zu dem auch Athen gehörte, nach Korinth einberufen, ein vortrefflicher Sammelpunkt an der Pforte zur Peloponnes. Das Ergebnis dieser Versammlung war eine Symmachie, ein Militärbündnis gegen die Perser. Die Führung im Krieg wurde selbstverständlich Sparta angetragen. Aber es spricht für die Flexibilität der spartanischen Führung, die Leitung des Seekrieges unter Beibehaltung des nominellen Oberbefehls für Sparta dem Athener Themistokles zu übertragen. Nicht kriegsentscheidend, wohl aber legendenbildend war die Niederlage und der Heldentod von 300 Spartiaten am Thermopylenpaß in Mittelgriechenland unter der Führung ihres Königs Leonidas. Die Legende von der unerschütterlichen Festigkeit jener Kämpfer gegen die gewaltige persische Übermacht, die trotz Verrates und in ausweglose Lage nicht von dem ihnen zugewiesenen Platz wichen, bildete die Grundlage für Spartas Ruhm in kommenden Generationen: Sparta hatte für die Sache der Griechen das kostbarste Opfer überhaupt gebracht und sich damit moralisch und politisch auch für die Zukunft als würdig erwiesen, Griechenlands Hegemon zu sein.

Den Sieg über die Perser brachten allerdings zwei andere Schlachten: 480 v. Chr. die Seeschlacht bei der Insel Salamis vor der Küste Attikas, die den vollständigen Sieg über die persische Flotte bedeutete, und ein Jahr später 479 v. Chr. die Landschlacht bei Plataiai an der Grenze zwischen Böotien und Attika, in der die Griechen unter der Führung des spartanischen Regenten Pausanias das persische Landheer aufrieben. Am Zustandekommen dieses Erfolges hatten beide Städte, Athen und Sparta, in etwa gleichen Anteil; die ganze Last des persischen Angriffs aber hatten die Athener allein zu tragen gehabt. Denn die Perser waren in Attika eingefallen, hatten dort zerstört und geplündert; Frauen, Kinder und Greise mußten auf benachbarte Inseln evakuiert, die Männer auf die ca. 200 seit 487 v. Chr. gebauten Trieren (Kriegsschiffe mit drei Ruderreihen) verbracht werden. Diese Trieren bildeten den Kernbestand des Erfolges von Salamis, den dazu noch ein athenischer Feldherr, Themistokles, herbeigeführt hatte. Es verwundert daher nicht, daß sich Athen nach dem Erfolg selbstbewußt als den eigentlichen Sieger – militärisch wie auch moralisch – in der Auseinandersetzung mit den Persern ansah. Mit dieser Einschätzung standen die Athener nicht allein. Auch die Ioner äußerten Kritik an Sparta und seiner Strategie gegen die Perser, die darin bestanden hatte, die leicht zu sichernde Peloponnes zum Ausgangspunkt der Gegenwehr zu machen – und dafür vorübergehend das restliche Griechenland den Persern auszuliefern. Diese Kritik schmerzte und schmälerte den Ruhm ein wenig, obwohl Sparta als oberster Kriegsherr, als Sieger bei Plataiai, als Stadt der besten Hopliten gefeiert wurde und zudem durch den Heldenmut der Thermopylenkämpfer seine außergewöhnliche Stellung bewiesen hatte.

Der Streit um die Frage, wem der höchste Ruhm bei der Niederringung der Perser zukam, Athen oder Sparta, ist aber nur ein Symptom für einen viel tiefergehenden Konflikt zwischen beiden Städten. Man kann durchaus sagen, daß 479/8 v. Chr. nach der Landschlacht von Plataiai die Weichen für den nächsten großen Krieg, diesmal zwischen den Alliierten des Perserkrieges gestellt wurden. Zwar war mit dem Abzug der Perser aus Griechenland das Mutterland gerettet, aber die Ägäis und vor allem die kleinasiatische Küste waren noch nicht befreit. Gemäß der Kleomenes-Doktrin von der Beschränkung der spartanischen Interessen auf das Mutterland sahen die Peloponnesier den Krieg daher mit der Schlacht von Plataiai als beendet an, während die ionischen Griechen auf seine Weiterführung hofften. Auf einer Konferenz in Samos wurden 479 v. Chr. auf athenischen Druck hin und gegen den ausdrücklichen spartanischen Wunsch auch die Insel- und die ionischen Griechen in das antipersische Bündnis aufgenommen. Um nicht die Hegemonialrolle zu verlieren, machte Sparta gute Miene zum bösen Spiel und agierte weiterhin als Führer dieses erweiterten Hellenenbundes. Doch die kleinasiatischen Griechen und die Inselgriechen vertrauten mehr auf die Seemacht Athens, zumal sich Pausanias, der spartanische Führer in Byzantion am Hellespont, eher wie ein persischer Potentat denn wie ein Hellene gebärdete; ihm erwuchsen deshalb sogar in Sparta immer mehr Gegner. Der Konflikt zwischen Sparta und dem ionischen Griechentum führte schließlich 478 zur Auflösung des Hellenenbundes und zur Gründung des heute sogenannten Attischen Seebundes, der unter Führung Athens gemeinsam mit den Inselgriechen und den kleinasiatischen Griechen den Krieg gegen die Perser fortsetzte. Zu einem endgültigen Bruch zwischen Athen und Sparta kam es zwar noch nicht, aber die Entwicklung vom Hellenenbund zum Attischen Seebund verdeutlicht die unterschiedlichen Ambitionen von Athen und Sparta. Sparta wollte an seinem Kurs der Kleomenes-Doktrin festhalten, Athen dagegen übernahm, gestärkt durch die glänzenden Erfolge im Perserkrieg, seine Rolle als „Mutterstadt" der ionischen Griechen und verpflichtete sich vertraglich, den Krieg zur Befreiung aller Griechen fortzuführen. Und Athen erreichte dieses Ziel. 30 Jahre nach Plataiai signalisierten die Perser, daß sie sich aus dem westlichen Kleinasien und der Ägäis fernhalten würden (sogenannter Kalliasfrieden 449/8 v. Chr.) Damit war der Attische Seebund seiner ursprünglichen Zielsetzung nach eigentlich überflüssig geworden.

Zwischen dem Perserkrieg und dem Peloponnesischen Krieg liegen etwa 50 Jahre, die seit den Tagen des griechischen Hi-

storikers Thukydides als eine eigene (Zwischen-)Epoche defi-
niert wurden (Pentekontaetie). Thukydides will in seinem
Werk über den Peloponnesischen Krieg zeigen, daß das all-
mähliche Ausgreifen der „neuen" Macht Athen die „alte"
Macht Sparta zum Krieg gezwungen habe. Er hat Recht. Seit
dem Perserkrieg standen sich zwei unterschiedliche Politik-
„Modelle" gegenüber. Auf der einen Seite gab es den Attischen Seebund, der unter der Führung Athens immer mehr
seinen Bündnischarakter verlor und zu einem Attischen Reich
wurde. Der Peloponnesische Bund auf der anderen Seite blieb
traditionell und als Wehrbündnis strukturiert unter Wahrung
der Autonomie seiner Mitglieder.

Spartas Kräfte schienen jedoch der Dynamik Athens nicht
gewachsen zu sein. Schließlich war auch der Perserkrieg nicht
ohne Auswirkungen auf Spartas innere Ordnung geblieben.
Da waren zum einen die beträchtlichen Opfer, welche die
Schlachten und besonders die an den Thermopylen unter
den ca. 8 000 Spartiaten gefordert hatten – Verluste, die zu
militärischen Reformen und zu stärkerer Einbeziehung der
Perioken in das spartanische Heer führten, aber die nicht un-
begrenzt kompensierbar waren. Zum anderen hatte nach
Kleomenes erneut ein Regent, Pausanias, der Sieger von Plataiai, den Boden der spartanischen Ordnung, wenn nicht mit
beiden Füßen, so doch mit einem verlassen und sich fern von
zu Hause eine quasi-tyrannische Position in Byzantion verschafft und vielleicht sogar mit den Persern verhandelt.
Schließlich wurde ihm von den Behörden in Sparta der Prozeß
gemacht, unter anderem wegen des Vorwurfs, mit den Heloten paktiert zu haben. Pausanias starb etwa 470, lebendig
eingemauert im Tempel der Athena Chalkioikos, in dem er
Asyl gesucht hatte. Dieses Schicksal des Regenten dürfte ähnlich wie die Kriegsverluste unter den Spartiaten die Ordnung
der „Gleichen" gegen die persönliche Macht einzelner Könige
in Sparta weiter gestärkt haben. Denn offenkundig konnten
bei immer geringer werdender Bürgerzahl nur die strenge
Disziplin der Hopliten und die dafür unabdingbare lykurgische Verfassung Spartas Stellung in Griechenland sichern.

Die Probleme Spartas zeigten sich schon bald nach Beendigung des Krieges mit den Persern. 464 revoltierten die Heloten (sogenannter 3. messenischer Krieg), weil sie die Spartiaten durch ein verheerendes Erdbeben weiter geschwächt wähnten. Sparta aktivierte daraufhin seine Verbündeten von nah und fern; sogar Athen wurde um Hilfe angegangen. Nur mühsam konnte der Aufstand niedergeschlagen werden, dessen Zentrum am Berg Ithome lag. Gleichzeitig geriet Sparta auf der Peloponnes in Schwierigkeiten, denn es war den Spartanern auch nach den Perserkriegen nicht gelungen, die Halbinsel unter ihrer Führung zu einen. Nicht nur das seit eh und je feindliche Argos, sondern auch die Verbündeten Elis, Mantineia und arkadische Städte bereiteten Sparta Probleme. Und zu allem Übel kam es seit 462 zu kriegerischen Auseinandersetzungen zwischen Peloponnesiern und Athen, bei denen Sparta ziemlich hilflos wirkte und den Verlust des Bündnispartners Megara hinnehmen mußte. Alles in allem: Sparta büßte viel von seiner Stellung und seinem Ansehen in Griechenland ein.

Doch das vorzeitig drohende Ende der spartanischen Hegemonialstellung wurde noch einmal abgewendet durch die Fehler, die Athen seinerseits als Hegemon des Attischen Seebundes machte. Durch den Bau einer Mauer war Athen uneinnehmbar geworden, und es schien damit in Verbindung mit seiner gewaltigen Flotte nicht nur Sparta, sondern ganz Griechenland zu bedrohen. Athens Politik innerhalb des Attischen Seebundes und im Umgang mit den eigenen Verbündeten und Unterworfenen trieb alle freien und neutralen griechischen Städte nun in die Arme Spartas. Athen hatte sich nämlich im Interesse der eigenen Machterweiterung zu einer rigiden Politik gegenüber seinen Verbündeten entschlossen. Da der eigentliche Zweck des Seebundes, die Abwehr der Perser, längst obsolet geworden war, wurde mancher Verbündete seiner Tributleistung überdrüssig und wagte den Austritt aus dem Bund. Athen ließ das jedoch nicht zu und bestrafte die revoltierenden Städte mit schwerwiegenden Eingriffen in deren Autonomie; die Zeitgenossen nannten den Vorgang „Versklaven". Zu diesen gewaltsam wieder in den Bund zurückgeholten Städten zählten Naxos (ca. 470 v. Chr.) und Thasos (462 v. Chr.). Immer wieder wandten sich die Betroffenen an Sparta, das auch zumeist Unterstützung für ihre Pläne versprach, sie aber nur selten effektiv leistete. 446/5 v. Chr. kam Sparta sogar mit Athen in einem großen, auf 30 Jahre befristeten Vertrag überein, die jeweiligen Einflußsphären zu respektieren. Mit diesem Vertrag bekam Athen, das unter dem Einfluß des Staatsmannes Perikles stand, das Mittel in die Hand, seinen Machtbereich konsequent zu festigen. Der Weg, den es beschritt, war ungewöhnlich und radikal. Es gab damals im Attischen Seebund Städte, die Tochterstädte von peloponnesischen Städten waren oder sonstige Verbindungen mit Städten außerhalb des Seebundes unterhielten. Diese seit alters bestehenden Bindungen zwischen Städten, die verschiedenen Bündnissen angehörten, wurden nach dem Vertrag von 446/5 von Athen gnadenlos gekappt. Das betraf Städte wie Megara oder Korinth, die als Mitglieder des Peloponnesischen Bundes von ihren Tochterstädten im Attischen Seebund abgeschnitten wurden. Der Höhepunkt dieser Entwicklung war 432 erreicht. Korinth drängte immer stärker, schließlich unter äußersten Drohungen wie dem Austritt aus dem Peloponnesischen Bund zum Krieg gegen Athen. Diesem Drängen, dem sich andere Verbündete Spartas anschlossen, konnte sich Sparta nicht entziehen. Nach kontroverser Diskussion in der Volksversammlung fiel 432 in Sparta der Kriegsbeschluß, der formal damit begründet wurde, daß Athen den Vertrag von 446/5 gebrochen habe.

Dieser Krieg, der **Peloponnesische Krieg** (431–404 v. Chr.), ist zu Recht als „Weltkrieg" bezeichnet worden. Hinter den beiden Protagonisten Sparta und Athen scharte sich ganz Griechenland; gekämpft wurde über den griechischen Raum hinaus in Italien und auf Sizilien, in Afrika, Kleinasien, Makedonien, und selbst das Perserreich mit seinen immer noch unermeßlichen Ressourcen mischte mal auf der einen, mal auf der anderen Seite mit. Der Krieg dauerte insgesamt 27 Jahre und zerfiel in zwei Phasen: Die erste Phase (431–421 v. Chr.)

nennt man heute nach dem spartanischen König Archidamos den „Archidamischen Krieg", die zweite Phase (413–404 v. Chr.) nach einem Ort in Attika, an dem sich die Spartaner festgesetzt hatten, den „Dekeleischen Krieg". Zwischen diesen beiden Phasen gab es eine Friedensperiode (421–413 v. Chr.) auf der Grundlage eines Vertrages, den man nach dem athenischen Politiker Nikias als Nikias-Friede bezeichnet. Daß wir heute von einem großen Peloponnesischen Krieg sprechen, geht auf Thukydides zurück.

Die Ausgangssituation des Krieges war folgende: Hinter Sparta standen alle Städte der Peloponnes mit der Ausnahme von Argos und Achaia im Norden der Halbinsel, ferner Megara, Böotien sowie Teile von Mittel- und Nordwestgriechenland; hinter Athen stand die gesamte Inselwelt der Ägäis sowie der Küstengürtel Kleinasiens und Griechenlands mit der Ausnahme der Inseln Melos und Thera, die spartanische Kolonien waren. Auf eine einfache Formel gebracht, standen sich Hopliten und Ruderer, Phalanx und Flotte gegenüber. Spartas Strategie zielte auf die Verwüstung Attikas zur Erntezeit. Das bedeutete, daß alljährlich im Sommer spartanische Hopliten in Attika einfielen, so daß sich die attischen Bauern in die ummauerte Stadt Athen zurückziehen mußten. Die athenische Strategie dagegen, die von Perikles, dem ersten Mann der athenischen Demokratie, ausgearbeitet worden war, bezweckte, ein direktes Aufeinandertreffen von athenischen und spartanischen Hopliten zu vermeiden, und war vielmehr angelegt auf den Schutz der Bevölkerung in den Mauern Athens, auf die wirtschaftliche Versorgung durch den Seebund und auf die Flotte sowie auf Überfallexpeditionen mit der Flotte in Küstenregionen der Peloponnes – mit anderen Worten, auf die Verteidigung Attikas. Diese Defensivstrategie erwies sich zunächst als richtig, denn obwohl 429 eine schwere Pest in Athen wütete, an der auch Perikles starb, war Athen von den spartanischen Hopliten nicht zu bezwingen. Im Gegenteil, ein einziger erfolgreicher Schlag an der Westküste der Peloponnes brachte im Jahre 425 v. Chr. den Athenern fast den Sieg. Es war ihnen nämlich mit ihrer Flotte gelungen, bei Pylos etwa

120 Spartiaten festzusetzen. Als Folge dieses Coups war Sparta sofort zum Frieden, ja sogar zur Unterordnung unter Athen bereit – für den Erhalt dieser 120 Spartiaten war die Stadt bereit, ihre Führungsstellung in Griechenland preiszugeben. Um diese Entscheidung Spartas zu verstehen, muß man sich vor Augen halten, daß Sparta zu diesem Zeitpunkt insgesamt nur noch 4000–5000 kampffähige Vollbürger besaß.

Allerdings vergaben die Athener leichtfertig diese Sieges-Chance; sie hatten die Lehren des Perikles längst in den Wind geschlagen. In der trügerischen Gewißheit, den ersehnten totalen Sieg über den Widersacher in den Händen zu halten, gingen sie auf die Friedensangebote der Spartaner nicht ein. Deshalb richteten die Spartaner Nebenkriegsschauplätze in Thrakien und auf der Chalkidike im Norden der Ägäis ein, und als sie dort unter ihrem Feldherrn Brasidas beträchtliche Erfolge erringen konnten, kam es schließlich doch nach endlosen Verhandlungen 421 v. Chr. zum Friedensschluß, dessen Basis der *status-quo-ante* war, also der Zustand vor Ausbruch des Krieges. Für Sparta erwies sich selbst dieser Vertrag als desaströs. All das, wofür Peloponnesier und freie Griechen in den Krieg gezogen waren, wurde von Sparta preisgegeben. Die Freiheitsparole, unter der man in den Kampf gezogen war, schien nichts als heiße Luft gewesen zu sein. Athen dagegen hatte sein ursprüngliches Kriegsziel, Wahrung seines Besitzstandes, mehr als erreicht. Die Folge dieses Vertrages war, daß der Peloponnesische Bund bedrohlich bröckelte, so bedrohlich, daß Sparta in seiner verzweifelten Lage gar eine Symmachie mit Athen abschloß: Mantineia und Elis fielen daraufhin von Sparta ab, Korinth, Theben und andere waren in höchstem Maße verärgert über ihre Bundeshauptstadt; zudem spitzte sich der Konflikt mit Argos erneut zu. Leider besitzen wir keine Nachricht darüber, wie die Lage in Sparta selbst zu dieser Zeit empfunden wurde, aber sie muß äußerst angespannt gewesen sein.

Drei Umstände bewahrten Sparta in dieser kritischen Lage wieder einmal vor dem Zusammenbruch: 1. Die Unerschütterlichkeit, mit der die Spartiaten an ihrem Führungsanspruch festhielten; 2. die radikal-imperialistische Politik Athens, das unter dem Demagogen und späteren Verräter Alkibiades einen Kriegszug mit verheerenden Folgen nach Sizilien unternahm (415–413 v. Chr.) und damit wieder dem Kriegsgegner in die Hände spielte, und 3. die materielle Hilfe seitens der Perser, die auf diese Weise wieder Einfluß in Griechenland gewannen.

Aufgrund neu aufbrechender Konflikte wurde der Krieg 413 v. Chr. unter veränderten Bedingungen wieder aufgenommen. Sparta zeigte dabei seine große Stärke, die militärische Flexibilität. Zunächst baute es den Ort Dekeleia in Attika (20 km vor Athen) zu einer Festung aus, von der aus spartanische Soldaten das ganze Jahr über Attika bedrohen konnten. Dann errichteten sie mit persischen Geldern eine Flotte, mit der sie den Kriegsgegner mit dessen eigenen Waffen bekämpfen und zudem Unterstützung bei jenen Bündnern Athens einfordern konnten, die sich aus dem Seebund lösen wollten. Auf der anderen Seite hatte Athen durch sein militärisches Abenteuer auf Sizilien einen Großteil seiner Flotte verloren. So kam es 404 v. Chr. bei Aigospotamoi am Hellespont zur Entscheidungsschlacht, in der die gesamte noch existierende athenische Flotte aufgerieben wurde. Die Politik der Spartaner beruhte in dieser Phase auf den militärischen und organisatorischen Fähigkeiten des Nauarchen (Flottenkommandanten) Lysander, der die Ägäis zu einem spartanischen Herrschaftsgebiet umgestaltete und in vielen Städten Harmosten, also spartanische Oberbeamte einsetzte. Manche antike Autoren vermuteten angesichts der Rigorosität seiner Maßnahmen, daß er die Alleinherrschaft in Ostgriechenland, vielleicht sogar in seiner Heimatstadt angestrebt habe. In Attika selbst dagegen agierten die beiden Könige Agis und Pausanias, deren Ruhm vor Lysanders Taten allerdings verblaßte.

Die Niederlage Athens war vollständig. Sie lud zur Rache ein, und manche Stadt des Peloponnesischen Bundes forderte auch die totale Zerstörung des verhaßten Gegners. Sparta ging auf diese Forderungen nicht ein; wie schon 494 gegenüber Argos nutzte es seinen Sieg nicht vollständig aus. Der Vertrag mit Athen sah vor: Abgabe der Flotte bis auf 12 Schiffe, Schleifen der Mauern, Wiederaufnahme der Verbannten und Eintritt in den Peloponnesischen Bund. Darüber hinaus bemühte Sparta sich um die Abschaffung der Demokratie in Athen und die Installation eines oligarchischen, Sparta-freundlichen Regimes. Die Folge dieser Politik war, daß sich die Ereignisse in Athen überschlugen und auch der Kontrolle Spartas entglitten. Sie führte zu einer auch in späteren Jahren noch als grauenvoll erinnerten Tyrannis der „Dreißig", die in Athen ein Schreckensregiment errichteten (404–403 v. Chr.). Kompliziert wurde diese verfahrene Situation durch Eifersüchteleien zwischen König Pausanias und Lysander. 403 v. Chr. war mit einer nachmals berühmten Generalamnestie unter der Schirmherrschaft der Spartaner die demokratische Ordnung in Athen wieder hergestellt. An diesem Ausgleich zwischen Demokraten und Oligarchen war Pausanias beteiligt gewesen. Vom Krieg und von den inneren Wirren erholten sich die Athener erstaunlich rasch. Sie spielten in der Zukunft zwar keine beherrschende, aber doch immer noch bedeutsame Rolle im Konzert der griechischen Mächte.

Sparta dagegen schien jetzt auf dem Höhepunkt seiner Macht. Der Peloponnesische Bund war wieder fest in seiner Hand, die ehemaligen athenischen Verbündeten in der Ägäis und in Thrakien wurden von spartanischen Harmosten beherrscht. Darüber hinaus flossen unermeßliche Reichtümer – Beute, Tribute, persische Gelder – in die Stadt am Eurotas; allein Lysander konnte 470 Talente (nach heutigem Maßstab ein mehrstelliger Millionenbetrag) in die spartanische Staatskasse einzahlen.

Aber nachdenklicheren Spartiaten mochten bei aller Freude über das Erreichte auch Zweifel gekommen sein, ob Sparta überhaupt in der Lage sein würde, die mit dem Erfolg erwachsenen Aufgaben zu erfüllen. Hatte sich nicht während des Krieges und vor allem während des Nikias-Friedens die Herrschaft auch nur über die eigenen Verbündeten als brüchig erwiesen? Hatte Sparta denn nicht den Zulauf von außerpeloponnesischen Städten in erster Linie der akuten Furcht vieler Griechen vor dem tyrannengleichen Auftreten

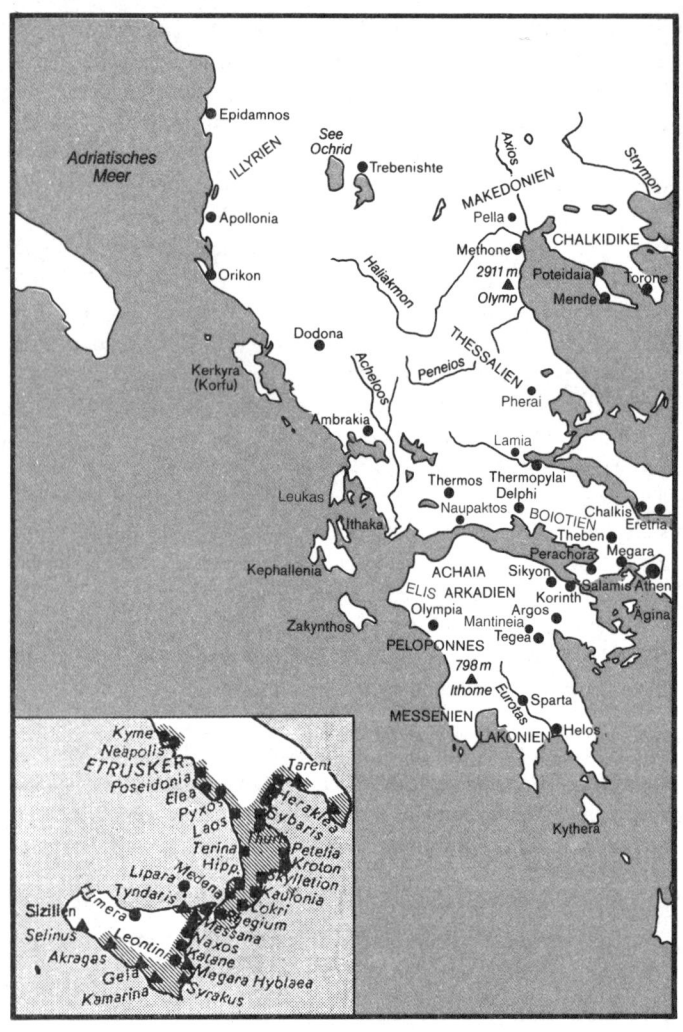

Adriatisches
Meer

Epidamnos

ILLYRIEN

See
Ochrid

Trebenishte

Axios

Strymon

MAKEDONIEN

Pella

CHALKIDIKE

Apollonia

Methone

2911 m
Olymp

Poteidaia

Torone

Mende

Orikon

Haliakmon

Dodona

THESSALIEN

Kerkyra
(Korfu)

Acheloos

Peneios

Ambrakia

Pherai

Lamia

Leukas

Thermos

Thermopylai
Delphi

Ithaka

Naupaktos

BOIOTIEN

Chalkis

Eretria

Theben

Megara

Kephallenia

Perachora

ACHAIA

Sikyon

Salamis Athen

ELIS ARKADIEN

Korinth

Aigina

Zakynthos

Olympia

Argos

Mantineia

Tegea

PELOPONNES

798 m
Ithome

Eurotas

Sparta

MESSENIEN

LAKONIEN

Helos

Kythera

Kyme

Neapolis

ETRUSKER

Poseidonia

Elea

Pyxos

Laos

Tarent

Herakleia

Sybaris

Terina

Hipp.

Thurioi

Petelia

Lipara

Medena

Kroton

Tyndaris

Kaulonia

Sizilien

Himera

Rhegium

Lokri

Selinus

Leontinoi

Messana

Naxos

Akragas

Katane

Gela

Magara Hyblaea

Kamarina

Syrakus

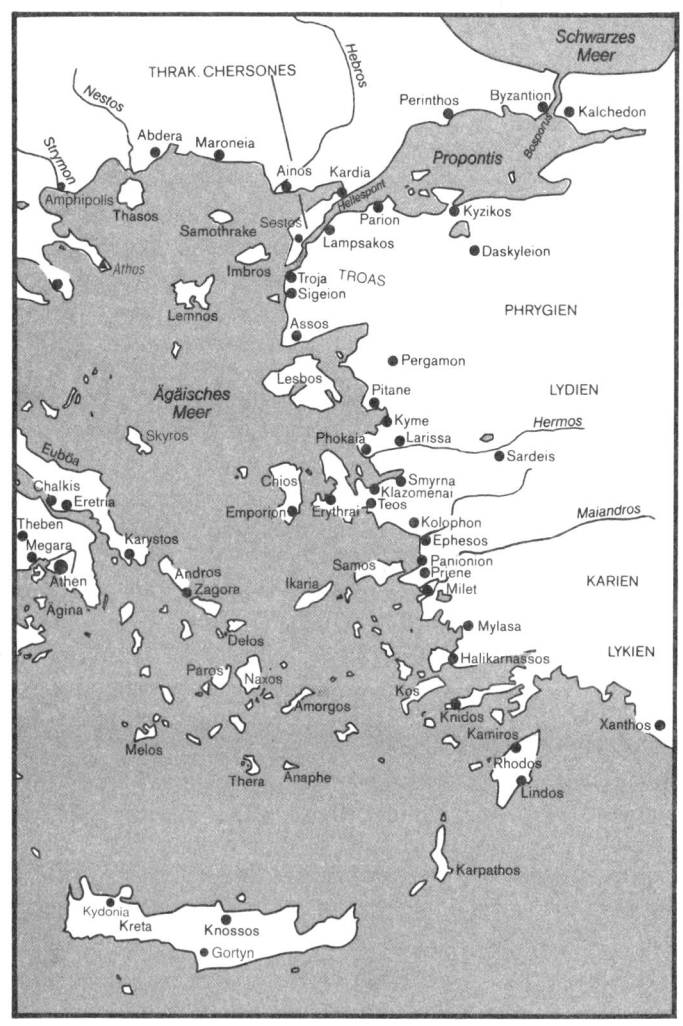

Griechenland und Sizilien:
(nach D. Lotze, Griechische Geschichte, München ²1997, S. 22–23,
und L. Bruit Zaidmann/P. Schmitt Pantol, Die Religion der Griechen,
München 1994, S. 230–231).

des demokratischen Athen und nicht dem Wunsch nach Eintritt in ein spartanisches Bündnissystem zu verdanken? Würden sich diese Städte, nachdem die Furcht beseitigt war, einer wie auch immer gearteten spartanischen Herrschaft freiwillig unterwerfen? Und war nicht auch die spartanische Lebensweise durch den Import materieller und geistiger Güter aus dem bislang ob seiner verweichlichten und ungebundenen Sitten verachteten Ionien bedroht? Würden sich die Spartiaten, die als Harmosten fern von der Heimat neue Sitten kennenlernen und sich in ihrem Amtsbereich wie kleine Könige fühlen konnten, nach ihrer Rückkehr nach Sparta wieder an das karge Gemeinschaftsleben der Spartiaten, an die Ein- und Unterordnung in die Gesellschaft der „Gleichen" und an das Zurückstehen der Einzelinteressen hinter der Staatsraison gewöhnen können? Wie würde man überhaupt mit der geringen Anzahl an Vollbürgern, die zudem durch Kriegsverluste und Naturkatastrophen weiter reduziert worden war, eine Art Imperium aufbauen können? Reichten der unbedingte Wille zur Herrschaft, die nach wie vor unübertroffene militärische Leistungsfähigkeit sowie der totalitäre Zug des spartanischen Staates wirklich aus, um mit der neuen Situation fertig zu werden? Mit diesen Fragen hatte sich die spartanische Gesellschaft bald nach 404 v. Chr. auseinanderzusetzen, und diese Auseinandersetzung brachte zwei unterschiedliche politische Richtungen hervor, deren eine man imperialistisch und deren andere man konservativ nennen könnte. Der weitere Verlauf der spartanischen Geschichte sollte erweisen, daß Spartas Kräfte den neuen Aufgaben nicht gewachsen waren, daß im größten Erfolg bereits der Keim des Niedergangs verborgen lag.

V. Leben in Sparta:
Erziehung und Lebenslauf der Spartiaten

Sparta stand an einer Wegscheide. Das Jahr 404 v. Chr. zeigt Sparta zwar auf dem Höhepunkt seiner Macht, aber gleichzeitig auch auf dem Höhepunkt seiner Überforderung. Für den Historiker ist eine Zäsur von so weitreichender Bedeutung ein geeigneter Anlaß, nach den Ursachen und Hintergründen der Machtentfaltung einerseits und des darauffolgenden Niederganges andererseits zu fragen. Deshalb steht in den nächsten Kapiteln das tägliche gesellschaftliche, religiöse, kulturelle und wirtschaftliche Leben der Stadt Sparta im Mittelpunkt. Bereits die Zeitgenossen aus anderen Städten Griechenlands führten Ruhm und Erfolg Spartas auf Lebensweise und Sitten seiner Bürgerschaft, der Spartiaten, zurück. Nicht wenige wie der Philosoph Platon, der Historiker Xenophon und der Redner Isokrates sahen sogar in der *agoge*, der Erziehung zum Spartiaten, nicht nur die Grundlage für den Erfolg Spartas, sondern darüber hinaus ein Modell, das auch für andere Städte hätte nutzbar gemacht werden können.

Die historische, d.h. wahrheitsgetreue Darstellung dieser *agoge* erweist sich allerdings aus zwei Gründen als schwierig: Zum einen gehört der größte Teil des Quellenbestandes zur *agoge* einer späten Zeit an, als Sparta bereits bedeutungslos war und nur noch eine Art Dialog mit seiner ruhmreichen Vergangenheit führte – mit anderen Worten: Man hat davon auszugehen, daß diese Quellen nicht die wirkliche *agoge* des klassischen Sparta darstellen, sondern ein Idealbild zeichnen. Zum anderen war das klassische Sparta bekanntlich Fremden gegenüber wenig auskunftsfreudig, so daß genauere Informationen über das Leben dort kaum durchsickerten. Die zeitgenössischen Berichte sind aus diesem Grunde alles andere als detailliert und zuverlässig; auch sie idealisieren die Ordnung Spartas als Voraussetzung für den erstaunlichen Erfolg der Stadt. Es entsteht auf diese Weise ein irreales, verschleiertes Bild, von dem der moderne Historiker den Schleier der Idealisierung und Verklärung erst abnehmen muß. Diese Einschränkungen sind zu bedenken, wenn wir uns nun dem Leben in Sparta zuwenden wollen.

Die kleinste soziale Einheit der spartanischen Gesellschaft war der **Familienverband**, der durch die Ehe konstituiert wurde. Zum Haus gehörten neben dem Ehepaar die legitimen, von beiden Eltern anerkannten Kinder (die Knaben nur bis zum Alter von 7 Jahren) sowie alle bediensteten Personen. Die Besitzungen, die zum Haus (*oikos*) gehörten, waren verstreut über Lakonien und Messenien und wurden von den Heloten bewirtschaftet. Von deren Abgaben lebte die Familie und zahlte ihrerseits ihre „Steuern", die jeder Spartiate unabhängig vom Einkommen an die Stadt und ihre Einrichtungen abzuführen hatte. Konnte ein Spartiate seine Abgaben an die Gemeinschaft nicht mehr aufbringen, verlor er seinen Bürgerstatus. Einen Beruf im heutigen Sinne hatte der Hausherr nicht, denn Bauer brauchte er nicht zu sein, weil die Ländereien von Heloten bearbeitet wurden, und Händler und Handwerker durfte er nicht sein, weil angeblich Lykurg dieses verfügt hatte. Er hatte also viel „Freizeit", und diese mußte er den Mitbürgern und dem Staat auf Übungsplätzen, beim Gemeinschaftsmahl oder in der Sprechhalle zur Verfügung stellen. Zu Hause bei seiner Frau dürfte er dagegen, auch in Friedenszeiten, selten gewesen sein, und so oblag seiner Ehefrau die Führung des Hauses mit allem, was dazu gehörte, wie der Beaufsichtigung des Personals, der Verfügung über die Abgaben der Heloten und überhaupt der ökonomischen Planung. Sogar zwei oder noch mehr *oikoi* konnte eine spartiatische Frau leiten, wenn sie, was im Interesse der Nachkommenschaft begrüßt wurde, Kinder von mehreren Männern hatte (dazu im einzelnen später).

Vom Privatleben einer spartiatischen Familie ist nahezu nichts bekannt. Das verwundert nicht, denn zum Mythos Sparta gehörte ja auch, daß niemand „privat", sondern jeder nur für den Staat lebte. Ein „normales" Familienleben gab es also praktisch nicht, denn abgesehen von der ständigen Abwesenheit der Ehemänner wurde auch die **Erziehung** weitgehend staatlich durchgeführt. Neugeborene wurden von einer Ältestenkommission auf ihre körperliche Tauglichkeit hin begutachtet und, im Falle einer positiven Entscheidung, in die Gemeinschaft der Spartiaten aufgenommen und mit einem Landlos bedacht; die schwachen und als nicht lebensfähig eingeschätzten Kinder wurden dagegen an einer unzugänglichen Stelle im Taygetos ausgesetzt. Anschließend verbrachten Knaben und Mädchen ihre ersten sieben Lebensjahre im elterlichen Hause, wo sie in die Anfangsgründe eines spartanischen Lebens eingeführt werden sollten. Das Ziel dieser Erziehung war folglich nicht, daß spartanische Kinder zu kritischen und mündigen Staatsbürgern herangebildet werden sollten, auch nicht, daß sie eine gute Allgemeinbildung erhalten oder darauf vorbereitet werden sollten, einmal einen Beruf auszuüben. Im Mittelpunkt der Erziehung, zumindest der Knaben, standen vielmehr die körperliche Ertüchtigung, Ausdauer, die Fähigkeit, Kälte, Hitze, Hunger, Durst, Schläge und Schmerzen zu ertragen. Die spartanische Erziehungsphilosophie verlangte schon von Kleinkindern unbedingten Gehorsam; nur dann, so glaubte man, könne die Befähigung zum späteren Herrschen erworben werden. Dieses Erziehungsmodell war ausschließlich auf den Staat ausgerichtet und förderte nur Tugenden, die dem Staat nützten. In den ersten sieben Jahren lag die Erziehungsarbeit und die Vorbereitung der Kleinkinder auf ihre zukünftigen Aufgaben bei den Eltern und bei besonders für ihren Beruf qualifizierten Kinderfrauen, die ob ihrer Erziehungsmethoden in ganz Griechenland berühmt waren.

Nach diesem ersten Jahrsiebt trennten sich die Wege von Mädchen und Jungen, aber nicht, weil man den Knaben eine sorgfältigere Ausbildung zukommen lassen wollte als den Mädchen, sondern weil Frauen und Männer unterschiedliche Funktionen im spartanischen Staat auszuüben hatten und die Erziehung von Mädchen und Jungen die spätere Aufgabenteilung vorbereiten sollte. So genossen Mädchen eine intensive Ausbildung zu Hause unter Aufsicht der Mutter, Jungen wurden dagegen in öffentlichen „Anstalten" erzogen; beide wurden auf diese Weise auf ihren „Beruf" vorbereitet, Mädchen auf ihre zukünftige Rolle als Leiterin des *oikos* und Mutter, Jungen auf den Krieg.

Wir verlassen an dieser Stelle das Haus und verfolgen zunächst den Weg des Knaben weiter, d.h. wir begleiten ihn von seiner Kindheit und Jugend über die Zeit seiner Mannbarkeit und seines Alters bis hin zu seinem Tod. Die Erziehung der Mädchen und das Leben der Frauen folgen im nächsten Kapitel.

Die staatliche Erziehung der Knaben, die später *agoge* genannt wurde, begann im Alter von acht Jahren. So wie die Männer und Soldaten wurden die Jungen sogleich in „Herden", d.h. Klassen eingeteilt, die unter der Führung eines jugendlichen Aufsehers (*eiren*) gemeinsam aßen, schliefen und ihre Grundausbildung erhielten. Diese Grundausbildung, bestehend z.B. aus Barfuß-Laufen oder Kampfspielen, sollte den Körper abhärten, Gehorsam und Askese lehren. Lesen und Schreiben lernte man auch, aber die geistige Erziehung trat zweifellos hinter der körperlichen zurück. Allerdings wurden die Knaben schon früh in „Staatsbürgerkunde" unterwiesen, durch die sie mit den Tugenden eines guten Spartaners vertraut gemacht werden sollten. Zu diesen Tugenden gehörte auch die lakonische Ausdrucksweise, die die Knaben zu kurzen und knappen Antworten anhalten sollte. Besondere Strafen wie ein Biß in den Daumen des Delinquenten durch den Aufseher sollte vor unnützem Geschwätz abschrecken. Geleitet wurde die Erziehung von einem staatlichen Beamten, dem Knabengesetzgeber (*paidonomos*), der von jungen Peitschenträgern (*mastigophoroi*) unterstützt wurde. Diskussionen über Sinn und Unsinn der Prügelstrafe, wie wir sie etwa in Athen antreffen, sind aus Sparta nicht überliefert.

Hatte der Knabe diese Grundausbildung durchlaufen, kam er im Alter von 14 Jahren in eine höhere Klasse. Hier trainierte er systematisch die Eigenschaften und Tugenden, die man für das Soldatenleben brauchte, z.B. Abhärtung durch das Schlafen auf Schilf und durch das Tragen von nicht mehr als einem Mantel pro Jahr, oder Ausdauer und Kampftechniken in zahlreichen Kampfspielen und Wettbewerben. Die Hauptaufgabe dieser Wettspiele war es, den Ehrgeiz unter den Jugendlichen anzustacheln und Konkurrenzdruck zu erzeugen. Sie fanden im Rahmen kultischer Veranstaltungen statt, wie überhaupt die Ausbildung der Knaben eng an den Heroen- und Götterkult gekoppelt war. Wenn also die Spartiaten sich aus tiefer religiöser Überzeugung als Bürger einer auserwählten Stadt fühlten, so wurzelte diese Religiosität in ihrer Kindheit und Jugend. Manche dieser Wettspiele erscheinen dem heutigen Betrachter eigenartig. So ist vielfältig überliefert, daß es den Jungen erlaubt gewesen sei, sich ihre Nahrungsmittel zu erstehlen; bestraft worden seien sie nur, wenn sie sich als so dumm und unvorsichtig erwiesen hatten, sich beim Stehlen erwischen zu lassen. Dabei handelte es sich mit Sicherheit um Spiele, die ein willkommenes Training für den Soldatenberuf darstellten, zugleich aber auch die enge Bindung an den Götterkult zum Ausdruck brachten. Diese Stehlspiele fanden zu Ehren der Artemis, der Göttin der Jagd, statt; ähnliche Spiele sind auch aus anderen Regionen Griechenlands, beispielsweise Samos, überliefert. Erfolgreiche Knaben in diesen spartanischen Wettbewerben wurden von der Stadt geehrt, etwa mit einer Inschrift in einem der Heiligtümer.

Im Vergleich mit den pädagogischen Einrichtungen anderer griechischer Städte unterschied sich das spartanische Erziehungsmodell in erster Linie dadurch, daß es unter staatlicher Aufsicht am Bedarf des Staates orientiert war und daß es in einen kultisch-sakralen Rahmen eingefügt wurde. Es mischte archaisch erscheinende (wie beispielsweise den „Stehlwettbewerb") und modern anmutende Elemente (z. B. die allgemeine Schulpflicht) in einer, wie der Erfolg beweist, harmonischen Weise.

Mit 18 Jahren hatten die Jungen das Schwerste hinter sich, aber noch bis in das 30. Lebensjahr blieben sie als reine Männergemeinschaft kaserniert. Daran änderten nicht einmal Hochzeit und Familiengründung etwas. In diesen Jahren sollten die jungen Männer ihr gelerntes Wissen in der Praxis anwenden; sie hatten sich jetzt zu bewähren als Herdenführer (*eiren*) oder in der Helotenjagd (*krypteia*). Erst mit dreißig erwarb man sich das Vollbürgerrecht.

Der junge Spartiate verbrachte auf diese Weise seine gesamte Jugend mit Gleichaltrigen und unter der Aufsicht von älteren Männern – ein Nährboden für die Knabenliebe. Viele Beobachter führten auch diese auf Lykurg zurück. Sie habe die Aufgabe gehabt, den „Liebhaber" in die Verantwortung für die Entwicklung des geliebten Knaben zu nehmen. Der Kern dieser Überlieferung ist sicherlich, daß die älteren Spartaner, Tutoren oder Paten vergleichbar, für einzelne Knaben Verantwortung übernehmen mußten, zumal ja die Eltern bei der Erziehung in den Hintergrund traten. Die Betonung der körperlichen Ausbildung und auch der „Wohlgestalt" hat die Knabenliebe darüber hinaus zweifellos gefördert. Angesichts ihrer Verbreitung im spartanischen Erziehungssystem haben spätere Autoren dann auf eine lykurgische Anweisung geschlossen. Auch für die jungen Mädchen sind besonders enge Beziehungen zu ihren „Lehrerinnen" überliefert.

Mit dreißig endete die Wohn- und Schlafgemeinschaft mit den Altersgenossen, und man war als Vollbürger mit allen politischen Rechten ausgestattet. Allerdings hatte man auch jetzt kaum ein Privatleben im eigentlichen Sinne. Der Dienst im Feld, öffentliche Ämter und Tätigkeiten sowie die gemeinsamen Männermahle beanspruchten viel Raum im Leben des erwachsenen Spartiaten. Von den politischen Rechten und Pflichten war bereits die Rede; kommen wir deshalb gleich zu dem schon in der Antike berühmten Männermahl.

Speisegemeinschaften von Männern waren an sich in Griechenland nichts Ungewöhnliches. Sie sind uns bekannt aus den Epen Homers und aus vielen Städten Kretas. In Sparta erhielten sie jedoch eine eigentümliche Note. Verschiedene Namen sind für diese Männermahle überliefert, aber der gebräuchlichste war *syssitia*, Speisegemeinschaften. Die Mitgliedschaft in den Syssitien war eine der Grundvoraussetzungen für das spartanische Bürgerrecht, jedoch konnte man nur Mitglied werden, wenn man die staatliche Erziehung durchlaufen hatte und über genügend Grundbesitz verfügte, um die beachtlichen Mitgliedsbeiträge bezahlen zu können. Woher diese Institution kam und welchen ursprünglichen Zweck sie gehabt hat, ist unbekannt; vielleicht stammt sie aus der Wanderungszeit und sollte die Kämpfer vepflegen, vielleicht diente sie aber auch dazu, mit dem Segen und unter dem Schutz eines bestimmten Gottes Nahrung zu sich zu nehmen. Wie dem auch sei, im Sparta der archaischen und klassischen Zeit war die Teilnahme an den Syssitien absolute Pflicht. Seit dem 5. Jahrhundert v. Chr. erhöhte sich dieser Zwang noch; selbst die Könige waren ihm unterworfen. Wir können daraus ablesen, daß die stetig steigenden Anforderungen an den spartanischen Staat, die im vorhergehenden Kapitel beschrieben worden sind, die gesamte Gesellschaft in die Pflicht nahmen.

Jede dieser Speisegemeinschaften bestand aus zumeist 15 Mitgliedern und sollte aus Älteren und Jüngeren harmonisch gemischt sein. Im Interesse dieser Harmonie wurden neue Mitglieder nur mit Zustimmung aller Speisegenossen aufgenommen. Zum Speisen kamen die einzelnen Gruppen täglich an festgelegten Tagungsorten zusammen. Auch Knaben durften bereits gelegentlich an ihnen teilnehmen, damit sie schon in der Jugend rechtzeitig an die spätere Umgebung gewöhnt würden; ähnliches gilt für die *mothakes* (s. o. S. 33) und besondere Fremde. Der Teilnahmebeitrag an den Syssitien bestand aus Naturalabgaben von Gerstenmehl, Wein, Käse, Feigen, darüber hinaus wohl auch einem Geldbetrag für Zukost. Er war für alle gleich, ob arm oder reich, und so hoch, daß immer mehr Spartiaten ihn nicht mehr leisten konnten und deshalb zu „Geringeren" (*hypomeiones*) herabgestuft wurden, d. h. ihr Bürgerrecht verloren.

Der Küchenzettel eines Syssitions war in der Regel schmal. Auf ihm findet man *maza* (Gerstenbrot), die in Griechenland berühmt gewordene schwarze Suppe (eine Blutsuppe mit Schweinefleisch), sowie einen Nachtisch bestehend aus Käse, Feigen oder Jagdbeute. Freilich ist nicht selten dieser „Vorspeise" der eine oder andere Gang mit wohl schmackhafteren Gerichten hinzugefügt worden. Dazu wurde Wein getrunken, allerdings in Maßen, wie zahlreiche Anekdoten vom nüchternen Spartaner belegen.

Man kam in diesen Runden selbstverständlich nicht nur zum Speisen zusammen. So wurde einmal mehr der Wettbewerb unter den Speisegenossen gepflegt. Wer etwa besonders viel für den Staat geleistet hatte, bekam in vertrauter Runde Ehrenportionen und Ehrenplätze, wie sie beispielsweise Königen zuteil wurden. Neben das Prinzip der sozialen Gleichheit trat also in den Syssitien ebenso wie auf allen anderen Ebenen des spartanischen Staates das Prinzip der Über- und Unterordnung, des Befehlens und Gehorchens, der Ehrung und der Ächtung, mit einem Wort: der Ungleichheit. Zeit ihres Lebens bewarben sich in Sparta Jungen und Männer um Ehrenplätze und Ehrenportionen, wollten sie Sieger in Wettkämpfen sein, zu *eirenes* gewählt werden, in höhere Syssitienränge aufsteigen. Dieser Aufstieg mußte durch Leistung und in Konkurrenz mit den Mitbewerbern erkämpft und durch die Standesgenossen bestätigt werden; das in anderen Städten wie Athen gebräuchliche Verfahren, Funktionen und Ämter zu erlosen, gab es in Sparta nicht.

Mit einiger Berechtigung kann man die Syssitien als Fundament des spartanischen Staates bezeichnen. Hier wurden politische Fragen vorberaten, hier wurden die für den Krieg wichtigen Personen in einer ihrem Beruf angemessenen Weise versorgt, hier pflegte man eine dem Zusammengehörigkeitsgefühl zuträgliche Geselligkeit, hier verblaßten idealerweise alle sozialen Unterschiede, hier lernte man sich genau kennen und konkurrierte freundschaftlich miteinander zum Nutzen des Staates.

Damit die Spartiaten in jeder Lebenslage den harten Anforderungen ihres Staates entsprachen, wurden über die Männermahle und die sportlich-militärischen Übungen hinaus **gesetzliche Regelungen** erlassen, die nach modernem Verständnis tief in die Privatsphäre eingriffen. So wurde z. B. unter Strafandrohung eine Eheschließung von jedem Spartiaten verlangt, es gab Anreize für Kinderreichtum, Beschränkungen der freien Verfügung über Grundbesitz, Reiseverbote (um nicht fremde, verderbliche Einflüsse nach Sparta zu bringen oder Geheimnisse zu verraten), Berufsverbote, Verbote, Gold- oder Silbermünzen zu prägen, und Luxusbeschränkungen. Diese Regelungen waren aus der Sicht des Staates durchaus sinnvoll, denn sie wurden erlassen in der Überzeugung, daß das „spartanische" Leben eine unbedingte Voraussetzung für die Befähigung Spartas zum Hegemon Griechenlands sei. Deshalb mußte dieses Leben notwendigerweise auch Gegenstand von Überwachung und Gesetzgebung sein. Diese Notwendigkeit, die überlieferte Ordnung durch normative Gesetze abzusichern, wurde von den Spartanern umso stärker empfunden, je stärker die Einfachheit und die Disziplin des spartanischen Lebens bedroht waren. Zu höchsten Belastungen dieser Art führte der Sieg über Athen im Jahre 404 v. Chr. All die desintegrativ wirkenden Faktoren, wie sie eine Herrschaftsausdehnung fast zwangsläufig mit sich bringt, konnten sich jetzt voll entfalten. Die ständige Abwesenheit vieler Spartiaten von ihrer Heimatstadt, die Notwendigkeit, Bürger als Verwaltungsbeamte in die ionischen Städte schicken zu müssen, der Zustrom materieller und geistiger Güter aus den neugewonnenen Gebieten – all das wirkte sich wie im Rom des 2. Jahrhunderts v. Chr. negativ auf den Zusammenhalt und die Konsensbereitschaft der Spartiaten aus. Gesetze, obwohl in großer Zahl erlassen, konnten diese Entwicklung nur ungenügend aufhalten.

Die spartanische **Heeresordnung** war wesentlich von dem Mißverhältnis zwischen der geringen Anzahl an Bürgersoldaten und der gleichzeitig außerordentlich hohen Inanspruchnahme dieser Soldaten geprägt. Daher bildeten Training, Leistung, Disziplin, harte Strafen gegen die „Zitterer", d.h. Fahnenflüchtige und Feiglinge, und die Bindungen des Heeres an die göttliche Fürsorge die Grundlage der militärischen Organisation. Die Spartiaten allein hätten freilich nicht den Bedarf an gut ausgebildeten, schwer- und leichtbewaffneten Soldaten und Reitern decken können. Am Anfang des 5. Jahrhunderts gab es zwar immerhin noch 8 000 waffenfähige spartiatische Hopliten, aber die Zahl sank bis zu Beginn des

4. Jahrhunderts v. Chr. auf 2 000–3 000. So war man angewiesen auf die Hilfe von Periöken, freigelassenen Heloten (Neodamoden), verbündeten Städten und schließlich seit dem 4. Jahrhundert sogar von Söldnern. Den stetig steigenden Bedarf an Soldaten und das daraus resultierende Ungleichgewicht zwischen Spartiaten und Fremdhopliten regelten verschiedene Heeresreformen. Die Kontrolle des Heeres jedoch gaben die Spartiaten zu keiner Zeit aus den Händen.

Die Kommandostruktur des spartanischen Heeres war dementsprechend streng hierarchisch und effektiv. An ihrer Spitze stand im Regelfall einer der beiden Könige, dem sechs Polemarchen (wörtl. „Führer im Kriege") und die Führer der verschiedenen Einheiten unterstanden. „Fast das gesamte Heer der Lakedaimonier besteht aus Herren über Herren" beschrieb Thukydides respektvoll die hierarchische Struktur der spartanischen Heeresordnung. Besonders ragte aus dieser die Stellung der 300 „Ritter" (*hippeis, koroi*) heraus, die aus der Gruppe der 20–30jährigen ausgewählt wurden und im Feld die Leibwache des Königs bildeten.

Spartanische Hopliten waren aber nicht nur wegen ihrer Ausbildung und Disziplin berühmt, sondern auch wegen ihrer Kampfesweise, zuvörderst ihrer Beachtung des Rhythmus im Kampf. Denn nicht planlos rennend, sondern langsam unter Flötenklang marschierend, eröffneten sie den Kampf. Daher besaßen Flötenspieler in Sparta immer ein hohes Ansehen. Die Spartaner ließen für diese Märsche ihre besten Komponisten Lieder verfassen; einer von diesen war der bedeutende Dichter Tyrtaios. Die daraus ersichtliche militärisch nutzbare Bedeutung der Musik hat den Philosophen Platon dazu veranlaßt, der Musik allgemein eine herausragende Rolle in jedem Staatswesen zuzuweisen.

Die religiösen Bindungen des spartanischen Militärwesens kommen darin zum Ausdruck, daß vor jedem Heereszug die Götter befragt und um ihre Gunst gebeten und daß auf dem Schlachtfeld Opfer dargebracht wurden. Diese Zeremonien waren mehr als leere Rituale; sie sollten eine positive, selbstbewußte und kampfbereite Stimmung der Soldaten bei Kampfbeginn hervorbringen. Denn wenn die Opfer und Befragungen der Götter vor der Schlacht gut ausfielen, kämpften die Soldaten beherzt und in der Gewißheit, daß die Götter die spartanische Sache unterstützten; bei ungünstigen Vorzeichen hingegen verweigerten sie den Kampf, weil sie den Groll der Götter fürchteten. Letzteres kam mehr als einmal vor, so daß sich neben dem Bild des ruhmreichen spartanischen Hopliten auch dasjenige des furchtsamen Spartaners verbreitete.

Im Alter von 60 Jahren trat der Spartiate aus dem aktiven Soldatenberuf aus, behielt aber weiterhin eine wichtige Funktion als Ratgeber und erfahrener Aufseher der Jungen. Die den Alten erwiesene Ehrerbietung war groß; sie äußerte sich sowohl in der Öffentlichkeit, etwa dadurch, daß man Älteren auf Straßen und bei Festveranstaltungen Platz machte und den Vortritt ließ, als auch in den Syssitien. Wer sich im Laufe seines Lebens besonders um Sparta verdient gemacht hatte, wurde in die *gerusia*, den Ältestenrat, hineingewählt und wirkte in diesem Gremium bis an sein Lebensende politisch entscheidend mit. Er gehörte dann zu den „Schönen und Guten", eine Beziehung, die in der griechischen Sprache gleichbedeutend mit „Adel" ist. Nach dem Urteil des berühmten Dichters Pindar (um 500 v. Chr.) war der „Ratschlag" der Alten neben der „Lanzenkraft" der Männer und dem „Reigen" der Frauen der dritte Pfeiler der spartanischen Ordnung.

Auch über den Tod hinaus unterlag der einzelne gesetzlichen Regelungen. Grundsätzlich unterschied sich Sparta in diesem Bereich keineswegs von anderen griechischen Städten. Auch dort griff der Gesetzgeber ein, wenn es galt, bestimmte Bestattungsörtlichkeiten festzulegen, Grabbeigaben zu beschränken, Trauerzeit und Trauerform (z. B. lautes Wehklagen oder Zerkratzen der Wangen) zu regeln. In Sparta mußte sich allerdings zusätzlich zu derartigen Beschränkungen auch die Ehrung der Toten durch die Angehörigen in die Staatsraison einfügen. So durften besondere Ehrungen, wie etwa namentliche Inschriften, nur Männer, die im Krieg gefallen waren, und Frauen, die im Kindbett verstorben waren, erhalten. Zahlreiche Anekdoten bestätigen diese Tendenz, Art und Umfang der

Bestattungsfeierlichkeiten sowie die Totenehrungen nach den für den Staat zu Lebzeiten erbrachten Leistungen zu bemessen. Der Gesetzgeber Lykurg soll es gewesen sein, der die Bestattung der Toten auch innerhalb der Stadtgrenzen Spartas erlaubte, eine einzigartige Ausnahme in Griechenland. Mit dieser Regelung wurde das enge Verhältnis der Spartiaten zu ihrer Stadt auch über den Tod hinaus zum Ausdruck gebracht. Für die gewöhnlichen Spartiaten allerdings gab es in Sparta keine öffentlichen Leichenbegängnisse, mit denen beispielsweise Athen die Gefallenen eines Krieges zu ehren pflegte. Bestattungen durchzuführen war vielmehr die alleinige Aufgabe der Familie, die sich jedoch bei der Ausrichtung, um die spartiatische Gleichheit auch nach dem Tode zu demonstrieren, an die erwähnten Beschränkungen zu halten hatte.

Wie ein Spartiate sein Leben verbrachte, haben wir von seiner Kindheit bis zu seiner Bestattung verfolgt. Wovon aber lebte er? Wie war es mit den **wirtschaftlichen Grundlagen** des spartanischen Staates bestellt? Das Fundament des wirtschaftlichen Lebens bildete in Sparta wie auch im übrigen Griechenland der *oikos*, das Haus, in dem Mann, Frau, Kinder (bis sieben Jahre) und Gesinde zusammenlebten und zu dem Grundbesitz an Acker- und Weideland, das Vieh und die Gerätschaften gehörten. Nicht unmittelbar zum Haus gehörten die Heloten, die zwar auf dem Land arbeiteten, aber im Besitz des Staates verblieben. Die Führung dieses *oikos* oblag, anders als in anderen Städten, der Hausfrau. Denn von einer fest umrissenen Aufgabenteilung der Geschlechter (vgl. Kap. VI) hing die Funktionsfähigkeit des spartanischen Staates ab. Nachdem dem Mann, wir wir sahen, der „äußere" Bereich, Krieg und Politik, zufiel, hatten die Frauen sich um den „inneren", den häuslich/ökonomischen Bereich zu kümmern. Von der ökonomischen Kompetenz der Frauen hing demnach der Status der gesamten Familie ab. Denn wenn der *oikos* zu wenig abwarf, um die festgelegten Abgaben an die Syssitien bezahlen zu können, verlor der Hausherr sein Vollbürgerrecht. Schon seit dem 5., besonders aber dem 4. Jahrhundert verzeichnen unsere Quellen zunehmend Vermögensunterschiede unter den Spartiaten, Unterschiede, die nicht recht zum Bild und Ideal einer Gesellschaft von „Gleichen" passen wollen. So wird berichtet, daß viele dieser „Gleichen" verarmten und zu „Geringeren" herabsanken, andere dagegen zu geradezu märchenhaftem Reichtum gelangten. Mit dieser Entwicklung hatte sich Sparta von seiner ursprünglichen Ordnung weit entfernt. Glaubt man Plutarch, so hatte nämlich Lykurg ganz Lakonien in gleich große Landlose (griech. *klaroi*) für 30 000 Periöken und 9 000 Spartiaten aufgeteilt. Ist diese Nachricht eine Erfindung aus späterer Zeit, um die gesellschaftliche Ordnung der Vorfahren zu idealisieren? Viele, freilich nur moderne, Historiker glauben das jedenfalls. Als Beleg dafür nehmen sie die Ungleichheit des Besitzes unter den Spartiaten in der klassischen Zeit. Es gibt jedoch viele Erklärungsmöglichkeiten dafür, daß sich Besitzverhältnisse in einem Zeitraum von 200 Jahren verändern. Eine dieser Erklärungen könnte z. B. sein, daß Spartas Territorium sich mit der Annexion des fruchtbaren Messenien erheblich vergrößert hat und daß nur in Lakonien noch die alte Regelung gleichgroßer Landlose gültig blieb, während Messenien dem freien Zugriff mächtiger Spartiaten ausgeliefert war. Wäre diese Erklärung richtig, so hätten wir auf dem spartanischen Territorium ein Nebeneinander von „altem", unveräußerlichem und immer gleichgroßem lakonischem Staatsland und „neuem" frei verfügbarem messenischem Privatbesitz (parallele Probleme sind aus den germanischen Nachfolgestaaten auf römischem Boden bekannt). Aber natürlich sind auch andere Erklärungen für die zunehmende wirtschaftliche Differenzierung innerhalb der Spartiatenschicht denkbar. So könnten Kriege und Naturkatastrophen, wachsender Menschenmangel und innere gesellschaftliche Veränderungen neue Regelungen hervorgerufen haben, denen allmählich die alte Leitidee von der Gleichheit des Besitzes zum Opfer fiel. Wir kennen eine solche Regelung, deren Echtheit freilich von einigen modernen Forschern bezweifelt wird: Um 400 v. Chr. soll ein gewisser Epitadeus in Sparta gesetzlich die Veräußerung von Landbesitz durch Testamente oder Legate erleichtert und auf diese Weise den

Prozeß zur Konzentration von Landbesitz in den Händen weniger erheblich gefördert haben. Da zudem den Spartiaten jeder Handel verboten war, dürften viele ihr Kapital in Grundbesitz investiert haben. So können wir z. B. eine Parallele zum republikanischen Rom nachzeichnen: Als dort im Jahre 218 v. Chr. ein Gesetz erlassen wurde, das den Senatoren alle größeren Handelsgeschäfte untersagte, investierten diese zunehmend in Land. Die Folge davon war, daß sich der Grundbesitz in den Händen weniger konzentrierte, die Masse der Bauern ihr Land allmählich verlor und verarmte. Wir können eine ähnliche Entwicklung im Sparta des 5. und 4. Jahrhunderts v. Chr. vermuten, wenn die Frage insgesamt auch unbeantwortet bleiben muß.

Die Größe der „lykurgischen" Landlose im „Alten Land" Lakonien ist von modernen Forschern vielfach berechnet worden, ohne daß man freilich zu einheitlichen Ergebnissen gekommen wäre; die Berechnungen schwanken zwischen 7 und 30 ha je nach Fruchtbarkeit (auch hier wieder eine Parallele zu den frühmittelalterlichen Hufen). Jedes einzelne Gut mußte, so informiert uns Plutarch, pro Mann 70 Scheffel, pro Frau 12 Scheffel Gerste (1 lakonischer Scheffel = 73 Liter) sowie eine entsprechende Menge an „flüssigen Früchten" wie Wein und Oliven abwerfen. Von diesem Ertrag mußten die monatlichen Abgaben an die Syssitien entrichtet werden, nämlich 1 Scheffel Gerstenmehl, 8 Choen Wein (ca. 35 Liter), 5 Minen Käse (3 kg), 2,5 Minen Feigen (1,5 kg) und ein Geldbetrag, der für zusätzliche Nahrungsmittel verwendet wurde. Diese Erträge wurden von den Heloten erwirtschaftet. Sie mußten aus allen Teilen Lakoniens und Messeniens nach Sparta transportiert und dort verarbeitet werden. All diese Arbeiten und Transporte wurden ebenfalls von den Frauen überwacht und organisiert.

Zu den bereits genannten landwirtschaftlichen Produkten, deren Anbau zur Ausstattung der Speisegemeinschaften staatlich vorgeschrieben war, kamen weitere hinzu. Denn zum Speisezettel gehörte auch die Blutsuppe mit Schweinefleisch, das daher ebenfalls in größeren Mengen produziert werden mußte und entweder direkt vom Landgut der Spartiaten bezogen oder importiert wurde. Neben der Schweinezucht wurden auch Schafe und Pferde wirtschaftlich genutzt. Allerdings war die spartanische Wirtschaft nicht so statisch, daß sie nicht auch auf Geschmacksveränderungen der Konsumenten reagiert hätte. So wurde beispielsweise seit dem 4. Jahrhundert als besonderer Leckerbissen Weizen vermehrt angebaut und für die Syssitien verarbeitet (zu *maza* – Gerstenbrot – kam vermehrt Weizenbrot hinzu). Weitere Informationen zur spartanischen Wirtschaft fließen spärlich. Berühmt war jedoch die Leder- und Textilverarbeitung, die weitgehend in den Händen der Periöken gelegen haben dürfte.

Das Leitprinzip der spartanischen Wirtschaft war es, unabhängig zu bleiben. Tatsächlich haben die Spartaner dieses Ziel erreicht, denn Sparta galt in der Antike als Inbegriff des autarken Staates. Das bedeutet aber nicht, daß Sparta vollständig isoliert war und keinerlei Handelskontakt mit anderen Städten hatte. Die Verbreitung lakonischer Keramik im Mittelmeerraum allein (etwa in Etrurien, Lydien, Ägypten, Griechenland) beweist, daß Sparta, insbesondere in der Zeit seines materiellen Wohlstandes nach dem 2. messenischen Krieg in der ersten Hälfte des 6. Jahrhunderts v. Chr., durchaus auch geschäftliche Verbindungen nach außen pflegte. Eine Handelsstadt wie Korinth oder Athen war Sparta freilich nie.

Zu der Tatsache, daß die spartanische Gesellschaft nicht auf ökonomisches Handeln, sondern auf den Krieg ausgerichtet war, paßt auch die Nachricht, daß es in Sparta eine eigene Währung, das berühmte Eisengeld, gab. Auch hinter deren Einführung vermuteten die Spartaner eine Absicht des Lykurg, nämlich das Horten von Geld und damit die Habgier aus seinem Staat zu verbannen; die Eisenmünzen seien so groß und schwer gewesen, daß ihre Lagerung unpraktisch gewesen wäre. Gleichwohl sind von diesem Idealbild Abstriche zu machen. Sparta war schließlich im Krieg erfolgreich, so daß etwa durch Beutegut und Beuteverkäufe, durch Tribute und Unterstützungszahlungen, aber auch auf „normalem", d.h. Handelswege, fremde Währungen nach Sparta flossen. Diese fremden Währungen bestanden aus den andernorts gebräuchlichen Gold- und Silbermünzen. Eigene Münzprägungen in Gold und Silber sind für Sparta freilich erst seit dem Beginn des 3. Jahrhunderts v. Chr. schriftlich und archäologisch belegt.

Zum Abschluß dieses kurzen Überblicks über die spartanische Wirtschaft wenden wir uns dem Staatshaushalt der Spartaner zu. Anders als der alte Gegner Athen hatte Sparta am Ende des 5. Jahrhunderts große Mühe, Kriege zu finanzieren. Das hing zusammen mit einer immer weiter schwindenden Bürgerzahl, mit einer offenbar schlechten Steuerzahlungsmoral der Bürger, aber auch mit einem ineffektiven Beitragssystem. So hatte jeder Spartiate den gleichen Beitrag für die Syssitien zu zahlen, ganz gleich welche Vermögensunterschiede es gab. Effektive Einnahmequellen wie die sogenannte Leiturgie besaß Sparta nicht. Bei diesem Verfahren, das wir sehr gut aus Athen kennen, wurden reichen Bürgern der Stadt wichtige Aufgaben des Staates übertragen; auf diese Weise wurden Festveranstaltungen ausgestattet oder Schiffe gebaut. Und auch auf Tributleistungen der Verbündeten mußte Sparta anders als Athen in seinem Attischen Seebund verzichten. Auf der anderen Seite waren aber die Finanzverpflichtungen des Staates hoch. Es gibt nämlich Hinweise, daß Sparta im Unterschied zu anderen griechischen Städten die Ausrüstung der Hopliten staatlicherseits bereitstellte und instandhielt; ganz sicher war dies der Fall, wenn im Notfall Heloten bewaffnet werden mußten. So kann Aristoteles mit Recht Sparta als eine „geldarme Stadt bei geldgierigen Bürgern" bezeichnen, eine Formulierung, die treffend das spannungsgeladene Verhältnis zwischen den Ansprüchen von Individuum und Staat in Sparta ausdrückt.

Das Leben in Sparta spielte sich idealiter in einem vom Staat vollständig durchgeplanten Raum ab. Mädchen wie Jungen wurden von ihrer Geburt an auf ihre zukünftige Rolle hin ausgebildet, so daß sich die Kindheit als ein getreues Spiegelbild des späteren Lebens darstellte. Sie führte die Knaben durch das Leben in der Gemeinschaft, durch ein hartes körperliches Training, Ausdauerübungen und Wettkämpfe an den

Krieg heran. Daß aus den Reihen der Spartiaten Kritik an dieser Erziehung geäußert wurde, ist uns nicht bekannt. Und dennoch war das im Wortsinn „spartanische" Leben erheblichen Belastungen ausgesetzt. So wirkten sich die vielfachen, von außen einströmenden Einflüsse und Verlockungen, die auch mit regelmäßigen Fremdenaustreibungen nur ungenügend zurückgedrängt werden konnten, harmoniestörend auf die Gesellschaft aus. Die innere Ordnung, so sehr sie auch auf die Gleichheit aller Bürger zielte, war in ihrem Bauprinzip widersprüchlich und auf Ungleichheit angelegt. Denn einer wirklich verschworenen Gemeinschaft aller Bürger standen der ständig und überall ausgetragene Wettbewerb als Bestandteil des Lebens, die damit verbundenen Ehrungen für die Sieger und Erfolgreichen, die Entehrungen und Zurücksetzungen der Verlierer und Erfolglosen diametral entgegen. Widersprüchlich war zudem, daß das Vollbürgerrecht an wirtschaftlichen Erfolg geknüpft war, aber gleichzeitig die Staatsraison ökonomisches Handeln diskreditierte. So wurden Konkurrenzneid und Anhäufung von Reichtum auf jede nur denkbare Weise gefördert. Trotz all dieser inneren Widersprüche und äußeren Belastungen funktionierte das System lange, und da ihm der Erfolg recht gab, funktionierte es auch gut. Aber es zeigte auch früh die ersten Risse. Sie wurden sichtbar in Zeiten von Kriegen oder Erdbeben, aber sie waren systemimmament, wie schon Aristoteles erkannte. Wir werden sehen, daß diese Risse durch einen einzigen schweren Schlag, die Niederlage Spartas gegen Theben bei Leuktra im Jahre 371 v. Chr., zu einem fast vollständigen Einsturz des Gebäudes führten.

VI. Frauen in Sparta

Eine antike Bürgerschaft bestand, wie jede andere auch, aus etwa gleichviel Frauen und Männern; Ehefrau und Ehemann bildeten eine Familie, die wiederum einen *oikos* (Haushalt) begründete. Aus einer Vielzahl dieser Haushalte setzte sich die *polis* (Stadtstaat) zusammen, die aber auch noch Personen umfaßte, die nicht zu einem *oikos* gehörten: Beisassen (Metöken), Besitzlose, Lohnarbeiter, Fremde. Damit nun eine *polis* „funktionierte", d.h. eine wirkliche Gemeinschaft darstellte, mußten verschiedene Aufgabenbereiche an die Bürger verteilt werden, z.B. die Bebauung des Bodens, die Haltung von Vieh, Handel, Kriegsdienst, Politik, Sakrales, Führung des Hauses, häusliche Arbeiten, Erziehung der Kinder und anderes mehr. So entwerfen Platon und Aristoteles das Bild von der Entstehung der Stadt. In diese Aufgaben teilten sich Männer und Frauen. Sie taten das im antiken Griechenland in der Weise, daß der Mann „draußen" tätig war, also außerhalb des Hauses auf dem Feld oder in Krieg und Politik, während die Frau das häusliche Regiment führte. Diese Aufteilung der Tätigkeitsbereiche ist an sich wertfrei, d.h. ursprünglich war die Arbeit der Frauen keineswegs weniger geachtet als die der Männer. Ein solches, auf Gleichwertigkeit beruhendes Geschlechterverhältnis treffen wir noch in den Epen Homers an. Aber so ist es nicht geblieben. Die männliche Tätigkeit draußen als „Ernährer" und Verteidiger der Familie erhielt allmählich einen immer höheren Stellenwert im gesellschaftlichen Bewußtsein als die häusliche Tätigkeit der Frauen. Die antike Staatslehre mit ihrem Höhepunkt bei Aristoteles hat diese Entwicklung zur Abwertung der Frauen konsequent theoretisch ausgearbeitet und verinnerlicht und aus ihr sogar eine physische und geistige Überlegenheit der Männer abgeleitet. Unter dieser Vorgabe der weiblichen Minderwertigkeit argumentierte sie, daß der Mann das von Natur aus zum Herrschen befähigte Geschlecht sei und deshalb allein den *oikos* führen und politisch tätig sein dürfe. Frauenarbeit dagegen sollte auf häusliche Dienste und auf die Mutterrolle beschränkt bleiben, und, da insgesamt als minderwertig betrachtet, sollten die Frauen auch nicht in führende und politische Bereiche eindringen. Diese theoretische Konstruktion des Aristoteles ist radikal, und es ist keineswegs sicher, daß sie die realen Verhältnisse seiner Zeit widerspiegelt. Aber in den meisten Städten Griechenlands hatten tatsächlich allein die Männer politische Rechte, z. B. in der Volksversammlung, im Ältestenrat oder als Magistrat, und darüber hinaus waren sie in der Regel auch für den wirtschaftlichen Unterhalt ihrer Familien zuständig. Noch schlechter wurde die Stellung der Frauen dort, wo das Haus sowohl seine Rolle als Lebensmittelpunkt einer Familie als auch als Lieferant des Lebensunterhaltes verlor. Diese Entwicklung ist im demokratischen Athen des 5. und 4. Jahrhunderts zu beobachten. Denn dort arbeiteten immer mehr männliche Bürger in den Polisinstitutionen mit, verdienten bei der Stadt das Geld für sich und ihre Angehörigen, nutzten immer ausgiebiger das „Freizeitangebot" der Stadt und brauchten daher immer weniger den *oikos*. Da die Frauen aber einerseits von der Politik ausgeschlossen waren, andererseits ihre häusliche Arbeit in den Augen der (männlichen) Gesellschaft immer weniger zum Familienunterhalt beizutragen schien, wurde ihre Tätigkeit im Vergleich zu derjenigen der Männer immer stärker abgewertet. Überlieferte Aussprüche athenischer Politiker und die Ansichten mancher Schriftsteller, daß eine Frau lediglich Kinder zu bekommen, am Webstuhl zu sitzen und ansonsten zu schweigen habe, bringen eine möglicherweise unter Männern weit verbreitete Haltung zum weiblichen Geschlecht in Städten wie Athen zum Ausdruck.

In Sparta nahmen die Geschlechter ein recht ausgeglichenes, komplementäres Verhältnis zueinander ein. Dies war so ungewöhnlich für Griechenland, daß viele zeitgenössische (und neuzeitliche) Beobachter Spott und Häme darüber ausgossen, daß Frauen gleichberechtigt neben den Männern den Kosmos Sparta verkörperten. Da das vorhergehende Kapitel das Leben der Männer nachgezeichnet hat, wende ich mich nun dem Lebensweg der Frauen aus der Spartiatenschicht sowie ihrer Stellung in Familie und Staat zu – mit der Einschränkung, daß dieser ungleich schlechter belegt und darum noch unvollständiger zu beschreiben ist, als es bei den Männern der Fall war.

Zunächst ist hervorzuheben, daß Mädchen nach ihrer Geburt ebenso der „Tauglichkeitsprüfung" unterzogen und registriert wurden wie neugeborene Knaben und daß sie ebenso sorgfältig wie diese erzogen wurden. Diese Tatsache an sich war für griechische Verhältnisse schon erstaunlich genug, und so suchten Beobachter wie Xenophon oder Plutarch nach Gründen dafür, daß man in Sparta bei der Ausbildung für Mädchen die gleiche Sorgfalt wie für Jungen walten ließ. Es war naheliegend, die Gründe für diese ausgeglichene Erziehungspraxis in der zukünftigen Funktion der Frau als Mutter zu finden. „Zuerst", schreibt Xenophon, „bestimmte Lykurg, daß das weibliche Geschlecht nicht weniger körperlich trainiert werden sollte als das männliche. Dann richtete er Wettkämpfe und Kraftwettbewerbe für Frauen genauso wie bei den Männern ein, denn er glaubte, daß, wenn beide Eltern stark wären, auch die Nachkommen kräftiger würden". Mädchen mußten sich daher wie die Jungen im Ringkampf und in Laufkonkurrenzen, im Diskus- und Speerwurf üben. Aufgrund dieser Ausbildung waren die Kraft und die durchtrainierten Körper der spartanischen Frauen in ganz Griechenland berühmt. Im Unterschied zu den Knaben ist es wahrscheinlich, daß die Mädchen ihre Jugendzeit zu Hause bei den Eltern verbracht haben, denn wir haben keine Nachrichten über Mädchen-„Internate"; vereinzelte Hinweise auf besonders enge Beziehungen zwischen Schülerinnen und Lehrerinnen lassen jedoch eine Form der öffentlichen Erziehung vermuten.

Eine kraft- und körperbetonte Erziehung wie diejenige der spartanischen Mädchen verlangte nach Sportveranstaltungen, bei denen man seine Leistungen einer interessierten Öffentlichkeit vorführen und in der Konkurrenz mit Altersgenossinnen messen konnte. Solche Wettbewerbe für Mädchen und Frauen sind in Sparta in den Rahmen religiöser Festveranstaltungen eingefügt worden. In einem Punkt allerdings waren die spartanischen Frauen ihren männlichen Mitbürgern gegenüber benachteiligt: Sie konnten nicht an den Olympischen Spielen teilnehmen, denn es gab noch keine Frauenkonkurrenzen. Wir wissen nicht, ob es in Sparta Bestrebungen gab, diese Diskriminierung zu beseitigen, aber wir wissen um den Wunsch spartanischer Frauen, in Olympia anzutreten. Um 400 v. Chr. war es dann soweit: Eine Spartanerin namens Kyniska, eine Tochter des Königs Archidamos, wurde die erste Olympiasiegerin. Ihre Disziplin war das Wagenrennen. Kyniska konnte freilich nur deshalb den Sieg erringen, weil sie eine berühmte Pferdezucht betrieb und im Wagenrennen nicht der Rennfahrer (der nach wie vor ein Mann sein mußte), sondern der Pferdezüchter und Besitzer des Gespanns im Wettbewerb antrat und als Olympiasieger ausgerufen wurde. Dieser Erfolg Kyniskas in Olympia ist durchaus ein kleiner Durchbruch für den Frauensport gewesen, denn es folgten weitere Olympiasiegerinnen; die meisten von ihnen stammten aus Sparta.

Die Erziehung hat aus den Mädchen selbstbewußte Frauen gemacht. Dieses Selbstbewußtsein bestimmte auch ihr Leben in Ehe und Familie. Eine spartanische Frau war durchschnittlich um fünf oder sechs Jahre älter als eine Frau aus Athen oder Kreta, wenn sie heiratete (zumeist mit 19 oder 20). Spartanische Ehefrauen waren aber nicht nur reifer als ihre Geschlechtsgenossinnen in anderen Städten. Denn da die Männer in Sparta verpflichtet waren, zwischen ihrem 20. und 30. Lebensjahr zu heiraten, war auch der Altersunterschied zwischen den Ehepartnern geringer als andernorts. So konnte die Frau von Anfang an ihrem Mann eine gleichwertige Partnerin in der Ehe sein. Beobachter aus anderen Städten begrüßten diese Regelung, wenn sie auch den Grund dafür nicht so sehr in einem harmonischen Eheleben als vielmehr in der stärkeren Physis der aus dieser Ehe hervorgehenden Kinder suchten. Zur Ehe waren beide Geschlechter gesetzlich verpflichtet; Ehelosigkeit wurde unter Strafe gestellt.

Auch der Vorgang der Eheschließung und das anschließende Leben als Ehefrau weisen auf die gleichberechtigte Stellung der Frauen in Sparta hin. Zwar bieten die Quellen kein einheitliches Bild, aber drei Dinge werden deutlich und sind in diesem Zusammenhang bemerkenswert: 1. Der Vater der Frau spielt bei der Eheschließung eine untergeordnete Rolle; entscheidend für eine Eheschließung war der Wille des Brautpaares; 2. eine Mitgift im üblichen Sinne (also eine Gabe der Familie der Frau in den Besitz des zukünftigen Schwiegersohnes) scheint es in Sparta nicht gegeben zu haben; offenbar wurde vielmehr das Erbteil der Frau als ihr eigener Besitz in die Ehe eingebracht; 3. die Frau war in der Ehe eine selbständige Person; antike Quellen sprechen davon, daß allein Sparta die Vielmännerehe kannte oder daß Frauen auch mehrere Liebhaber haben durften. All diese Freizügigkeiten des Lebenswandels der spartanischen Frauen wurden von auswärtigen Zeitgenossen mißtrauisch beäugt, und hätte man nicht für den dringend erwünschten Kinderreichtum Verständnis aufgebracht, wäre der Sturm der Entrüstung über die Spartanerin noch heftiger ausgefallen. Jedenfalls waren die spartanischen Frauen selbständig; anders als in Rom standen sie nicht unter der Gewalt (*manus*) ihres Ehemannes. Daher konnten sie wie selbstverständlich große Vermögen erwerben und frei darüber verfügen. Aristoteles spricht sogar davon, daß 2/5 des Landes im Besitz von Frauen war, und etwa 100 Jahre später (Mitte des 3. Jahrhunderts v. Chr.) sind es zwei Frauen, Aegistrata und Archidamia, die den größten Reichtum der ganzen Stadt in ihren Händen halten und über eigene Klienten und Schuldner verfügten. Dieser Reichtum in den Händen von Frauen erklärt sich nicht nur, aber auch aus dem spartanischen Erbrecht. Dieses erlaubte auch Frauen zu erben. Es kannte zudem nicht – oder nur in einer veränderten Form – die in anderen Städten wie Athen übliche Institution der Erbtochter. Diese besagt: Wenn es in einer Familie keine Söhne, sondern nur eine Tochter gibt, „erbt" diese gewissermaßen nur kommissarisch, d.h. sie darf das Erbe nur solange in Besitz behalten, bis sie eine Ehe schließt und selbst Söhne hat. In Sparta dagegen scheint die Tochter auch dann ein Erbteil erhalten zu haben, wenn sie Brüder hatte, und zwar zu ihrem eigenen Besitz. Ein weiterer Weg für Frauen, zu Besitz und Reichtum zu gelangen, führte über Kinder von mehreren Männern. So ist es ausdrücklich bezeugt, daß Frauen auf diesem Wege die Führung von zwei oder gar mehr Haushalten übernehmen konnten.

Da die Männer mit Training, Gemeinschaftsmahl, Politik und Krieg beschäftigt waren, mußten die Frauen zwangsläufig die wirtschaftliche Versorgung ihrer Familien, d. h. die Führung des Hauses übernehmen. Der Ehemann war also völlig darauf angewiesen, daß seine Frau nicht nur in der Lage war, die Heloten und Sklaven zu beaufsichtigen, sondern auch über ökonomische Kenntnisse verfügte, um genügend zu erwirtschaften. Denn von den Erträgen seines Gutes hing wesentlich auch sein Status in der Gesellschaft ab. Von dieser Aufgabe her ist die Wendung „einen *oikos* gut zu verwalten" sprichwörtlich für eine gute spartanische Frau geworden. Ihrer Bedeutung gemäß wurde der Spartanerin auch die Anrede „Herrin" zuteil, die zusammen mit vielen überlieferten Geschichten und Anekdoten von dem Respekt, den die Spartiaten ihr entgegenbrachten, und von der Autorität, über welche sie verfügte, zeugen.

Die Nachrichten, die von einer derartig herausgehobenen Stellung, vom Lebenswandel, von den Rechten, von der zwanglosen Freizügigkeit der spartanischen Frauen nach Athen und anderswohin gelangten, sorgten dort für beträchtliche Verwirrung. Man deutete die Selbständigkeit der Spartanerin als Ungezügeltheit, ihre Unabhängigkeit von Ehemann und Vater als Ausschweifung, ihre Rolle im Staat als Weiberherrschaft. Aristoteles glaubte sogar, Lykurg in der Frauenfrage rügen zu müssen, denn er habe sich nur um die Sitten der Männer gekümmert und die Frauen sich selbst überlassen. Das Gegenteil trifft zu. In keinem anderen griechischen Staat waren die Frauen so sehr in die öffentliche Ordnung integriert, war ihre Mitarbeit für das Funktionieren des Staates so unentbehrlich. Deshalb wurden sie auch nach ihrem Tod den Männern gleich geehrt. Eine Inschrift erhielten nur die verstorbenen Frauen und Männer, die in der Ausübung ihres Dienstes für den Staat ihr Leben gegeben hatten, und das heißt: Frauen, die im Kindbett gestorben waren, wurden gleich wie Männer geehrt, die im Krieg gefallen waren.

Die spartanische Frau war also gesellschaftlich den Männern gleichgestellt. Wie ist der politische Einfluß von Frauen zu bewerten? Bei der Beantwortung dieser Frage dürfen wir nicht vergessen, daß die staatstragende Aufgabe der Frauen grundsätzlich in der Instandhaltung des häuslichen Raumes lag, während den Männern Krieg und Politik zugewiesen war. Deshalb war in Sparta zwar vieles im Verhältnis der Geschlechter zueinander anders als in anderen Städten, aber auch in Sparta waren Frauen in den politischen Institutionen wie Rat oder Magistratur nicht vertreten. Andererseits sprechen unsere Gewährsmänner wie Platon, Aristoteles oder Plutarch davon, daß Frauen in Sparta politisch außergewöhnlich einflußreich waren und daß sie selbst die wichtigsten Dinge mitberieten. Wir müssen diese Aussagen als Beweis deuten, daß Frauen, wenngleich formal nicht Mitglieder der Institutionen, dennoch bei wichtigen Entscheidungen den Beratungen beiwohnen konnten, daß sie Redefreiheit hatten und auf diese Weise Einfluß auf die Entscheidungen nehmen konnten. Vielleicht spielt der athenische Komödiendichter Aristophanes in einer seiner Komödien mit dem Titel „Teilnehmerinnen einer Volksversammlung" auf die politische Rolle der Frauen in Sparta an. Dieses Werk wurde zu Beginn des 4. Jh. aufgeführt, nachdem gerade der große Peloponnesische Krieg zwischen Athen und Sparta beendet worden war. Aristophanes führt dem Zuschauer Frauen vor, die die Volksversammlung „übernehmen", die das Regiment führen; damit verbindet er zahlreiche, dem Zeitgenossen sicher vertraute Anspielungen auf die spartanische Ordnung: z. B. die Verstaatlichung des Besitzes, das Kupfergeld (als Parallele zum Eisengeld), Staatssklaven, die Speisen und Syssitien, das Festhalten am Alten, und nicht zuletzt die Freizügigkeit der Frauen. Die von dem Autor grotesk ausgemalte Situation einer Weiberherrschaft und die Anspielungen auf Sparta sollten vermutlich dem Theaterpublikum in Athen auf eine komödiantische Weise vor Augen halten, daß der gefürchtete Kriegsgegner Sparta von Frauen dominiert wurde. Auf die private Ebene gehoben schreckt Aristophanes die athenischen

Männer in seiner „Lysistrate" mit der Vision eines Weiber-regiments.

Die spartanischen Frauen waren auch in den Kult integriert. Dieses öffentliche Aufgabenfeld stand Frauen auch in anderen griechischen Städten offen. Schon bei Homer pflegen Hausfrauen und Priesterinnen die Beziehungen zu bestimmten Göttern oder richten Feste zu Ehren dieser Götter aus. Daß auch in Sparta Frauen derartige Aufgaben übernahmen, ist bezeugt. Besonders für die Ausgestaltung der Kulte für die Göttinnen Demeter und Artemis waren Frauen maßgeblich verantwortlich.

Eine Legende besonderer Art ist ein weiteres Indiz für die auch politisch bedeutsame Stellung der Frauen in Sparta. Es handelt sich dabei um die Gründungslegende von Tarent, der einzigen spartanischen Kolonie in Unteritalien. Als der 1. messenische Krieg tobte und die Spartiaten zu langer Abwesenheit von ihrer Heimatstadt verdammte, rebellierten, so die Legende, ihre Frauen zu Hause und malten schon Spartas Ende wegen Kinderlosigkeit an die Wand. Die Spartiaten schickten daraufhin ihre jungen Mitkämpfer nach Hause, die nicht eidlich an den Aufenthalt in Messenien bis zur Beendigung des Krieges gebunden waren und die für den notwendigen Nachwuchs sorgen sollten. Die Nachkommen dieser kriegszeitlichen Verbindungen – sie wurden *partheniai*, d. h. Kinder von Jungfrauen, genannt – hätten nun, als sie erwachsen waren, eine Verschwörung gegen ihre Heimatstadt anläßlich des Hyakinthien-Festes in Amyklai geplant; schließlich seien sie aber unter der Führung eines Koloniegründers nach Italien ausgewandert und hätten dort Tarent gegründet.

Die Mosaiksteinchen unserer Nachrichten über die spartanischen Frauen fügen sich jetzt zu einem klareren Bild. Wie die Männer hatten auch die Frauen in Sparta ihre festgelegte Aufgabe zu erfüllen und waren fest in den Kosmos Sparta eingebunden. Es ist daher historisch nicht vertretbar, eine Geschichte Spartas ohne Erwähnung der Frauen und ihrer Beteiligung am Staat zu schreiben, obwohl gerade dies in den meisten modernen Darstellungen geschieht.

VII. Religion und Recht

Die Religion war gleichsam die Seele der antiken Stadt. Sie bestimmte das gesamte politische, gesellschaftliche und private Leben. Götter und Heroen waren Helfer in der Not, Ratgeber, Zeugen, wenn man Eide leistete, Rächer und Strafende, Bürgen, kurz: sie sorgten für das Gemeinwesen und für jeden einzelnen. Die Religion tritt uns in nahezu allen Lebensbereichen in vielfältiger Ausgestaltung vor Augen. Der griechische Götterhimmel verband die Griechen, so wie die gemeinsame Sprache sie verband. Manche Ämter, wie in Sparta das Königtum, waren reserviert für Familien, die sich von bestimmten, besonders verehrten Gottheiten herleiten konnten. Götter und Heroen begründeten Ansprüche auf begehrte Ländereien und Regionen und rechtfertigten die Herrschaft über andere. Zu diesem Zweck konnten lokale Gottheiten von einer unterworfenen in eine unterwerfende Stadt „ausgebürgert" werden, um deren erwarteten Zorn abzumildern und sie ihrer neuen Heimstätte geneigt zu machen. Ein anderes Herrschaftsmittel bestand in der Vermischung oder Umänderung von lokalen Götterkulten; die Herausstellung religiöser Gemeinsamkeiten zwischen Herren und Unterworfenen hatte eine gewaltige integrative Kraft.

Die Kulte einer jeden Stadt zu Ehren der Götter waren an die konkreten Bedürfnisse und historischen Entwicklungen in dieser Stadt geknüpft. Eine Darstellung der spartanischen Welt kann nicht geschrieben werden, ohne auf diese Kulte und ihren Sinn einzugehen. Platon z.B. dachte an Sparta, wenn er die richtig geübte Gottesverehrung zu einem in allen Städten notwendigen Grundgesetz erhob. Die Götter richtig zu verehren hieß, sie ihrer Rangfolge entsprechend mit Kulten auszustatten. An höchster Stelle rangierten die olympischen Götter, ihnen folgten die spezifischen Stadtgötter, die unterirdischen Götter, die Dämonen, die Heroen und schließlich die Familiengötter.

Die Religiosität war gleichsam die Quelle der spartanischen Ordnung. Die gesamte Existenz Spartas, seine Besonderheiten wie etwa die Landnahme, das Doppelkönigtum, die Erziehung (*agoge*) oder die Außenpolitik wurden über die Götter- und Heroenverehrung, über Mythen und Orakelsprüche, ja sogar über Reliquienverehrung legitimiert. Es wäre allerdings falsch, wollte man die Religion in Sparta lediglich als ein Instrument für bestimmte politische Entscheidungen ansehen. Vielmehr gehörten dort echte Religiosität und Politik zusammen und waren also zwei Seiten ein und derselben Medaille, die Sparta hieß.

Unsere Nachrichten über die Religion der Spartaner fließen aus unterschiedlichen Quellen. Ausgrabungen in Lakonien und in Sparta selbst förderten viele Heiligtümer zutage, die für Götter und Heroen erbaut wurden und die durch die darin gefundenen Weihgegenstände und Inschriften identifiziert und zeitlich eingeordnet werden konnten. Dazu kommen die Nachrichten schriftlicher Quellen, unter denen besonders der Reiseschriftsteller Pausanias zu nennen ist, der Lakonien im 2. Jh. n. Chr. bereiste und die dortigen Tempel und Kultorte beschrieben hat. So sind wir in der Lage, Aussagen über die wichtigsten Gottheiten und Heroen zu machen.

Der höchste Gott des Olymp, **Zeus**, wurde in Sparta in dieser Funktion und besonders als Vater des Herakles verehrt, der, wie Tyrtaios im 7. Jh. v. Chr. sang, „den Herakliden diese Stadt gab". Von Herakles und damit von Zeus leiteten die Könige ihre Herkunft ab, weshalb sie auch als Priester einen spezifisch spartanischen Zeuskult versahen. Die Dorier Spartas brachten damit zum Ausdruck, daß sie den Besitz Lakoniens dem Bündnis mit den Herakliden, aus deren Geschlecht die Könige stammten, verdankten.

Das Verhältnis der Spartaner zu den **Dioskuren**, Kastor und Polydeikes, prägte ebenso das spartanische Selbstverständnis wie die Verehrung des Göttervaters. Ihr Name heißt übersetzt: Söhne des Zeus. Ihre Schwester war Helena, die Ehefrau des homerischen Sparta-Königs Menelaos. Die Dioskuren repräsentierten die Tugenden der Spartiaten; als Rossezähmer (Kastor) und Kämpfer (Polydeikes) waren sie die Schutzherren Spartas.

Über die Dioskuren als Rossezähmer können wir eine Verbindung zur **Artemis Orthia** ziehen, in deren Tempel südlich von Sparta viele Darstellungen von Pferden gefunden wurden. Artemis war zusammen mit ihrem Bruder Apollon eine der im griechischen Raum am meisten verehrten Göttinnen. Zahlreiche Feste, Rituale und Weihgeschenke zu Ehren der Artemis Orthia geben Auskunft über ihre öffentliche Funktion im Rahmen der Geburt und der Erziehung der Jugend. Ihr zu Ehren gab es in Sparta einen Wettbewerb, bei dem Knaben Käse stehlen mußten; ein anderes berühmtes Ritual im Artemistempel, die Knabengeißelung, lockte noch Jahrhunderte später Touristen nach Sparta. Ihr Tempel wurde zuerst um 700 v. Chr. erbaut, als Sparta im 1. messenischen Krieg erfolgreich war; sein Neubau wurde nach einer Überschwemmung ca. 600–580 v. Chr. notwendig.

Der Bruder der Artemis, **Apollon**, wurde von allen Griechen als der Gott des Lichtes verehrt, der das Dunkel der Zukunft erhellen kann, sowie der Heilung und der Musik. Aber wie wir schon bei Artemis sahen, wurde auch der Kult des Apollon in Sparta den Bedürfnissen der Stadt entsprechend ausgestaltet. Als Gott von Delphi, dessen Orakel in Griechenland eine überragende Autorität besaß, wurde er zur Quelle der gesamten spartanischen Staatsordnung, denn die *rhetra* des Lykurg wurde ja auf Apollon zurückgeführt. Daher hat sich Sparta immer wieder um die Gunst Delphis und um Einfluß auf Delphi bemüht.

Drei der wichtigsten spartanischen Feste waren mit diesem Gott verbunden; die Karneen, die Hyakinthien und die Gymnopaidien. Der Apollon Karneios, ein gehörnter Gott, ist aus einer Verknüpfung Apollons mit einem einheimischen Gott Karnos entstanden. Das neuntägige Fest zu seinen Ehren im August, wie es sich in klassischer Zeit entwickelt hatte, ist gleichsam ein Spiegelbild des spartanischen Kosmos: ein Weinlesefest und gleichzeitig ein Fest soldatischen Zusammenlebens, symbolisiert es Spartas Abhängigkeit von der Ernte und gleichzeitig von seinen Kriegstaten. Zudem spielten die Karneen eine wichtige Rolle in der Erinnerung an die Einwanderung der Dorier zusammen mit den Herakliden; in dieser Hinsicht ist es mit dem jüdischen Laubhüttenfest vergleichbar.

Mit dem spartanischen Ephebentum waren auch die Gymnopaidien, die „nackten Spiele", verbunden. Es handelte sich dabei um Chorwettbewerbe, die von drei Altersgruppen der Männer (Knaben, Jugend, ältere Männer) Ende Juli ausgetragen wurden und sehr strapaziös und ausdauerfördernd gewesen sein sollen.

Das dritte Fest zu Ehren des Apollon waren die Hyakinthien. Dieses Fest erinnerte alljährlich (Ende Mai/Anfang Juni) über wohl drei Tage an den tragischen Tod des hübschen Knaben Hyakinthos, der von dem Gott geliebt und auf tragische Weise von ihm getötet worden war.

Eine weitere Hauptgottheit der Spartaner war **Athene**, eine Kriegsgöttin und als solche als „Wächterin der Stadt", wie sie in Sparta genannt wurde, höchst geeignet. Daher hatten die Ephoren als Wächter der Verfassung eine besondere Beziehung zu Athene; sie opferten im Tempel der Athene Chalkioikos (d. h. „vom Bronzehaus").

Als Götter, also nicht nur als Heroen, wurden ferner **Menelaos und Helena**, in den homerischen Epen das Königspaar des vordorischen Sparta, verehrt. Ihnen wurde im Südosten Spartas das archäologisch identifizierte Menelaion geweiht. Als Heros wurde z. B. **Lykurg**, der angebliche Schöpfer der spartanischen Ordnung, kultische Verehrung zuteil.

In dieser Übersicht sind nicht alle, wohl aber die wichtigsten Götter, Heroen und deren Feste in Sparta beschrieben. Die Religiosität Spartas war jedoch über Tempel, Feste und Kulte hinaus eng im öffentlichen Leben verwurzelt. Wie schon erwähnt, wurden völkerrechtliche Ansprüche mythisch begründet, wie überhaupt die Existenz des spartanischen Staates einer Entscheidung des Zeus zu verdanken war. Der Mythos von der Rückkehr der Herakliden sollte erklären, wie dieser Rechtsanspruch eingelöst wurde.

Vor jedem einzelnen Auszug des Heeres, vor jeder Grenzüberschreitung, vor jeder Schlacht wurde geopfert und nach gottgesandten Vorzeichen Ausschau gehalten. Es versteht sich von selbst, daß bei dieser Rolle der Religion im öffentlichen Leben der Stadt die Priester und Priesterinnen, Seher und Seherinnen zu den geehrtesten Persönlichkeiten in Sparta gehörten, daß ihnen Ehrenplätze, Ehrenportionen bei den Speisungen und besondere Bestattungen zuteil wurden. Diese Ehrungen wurden für staatstragendes Wirken erteilt, genauso wie Kriegshelden und Mütter staatserhaltend waren und darum vieler Ehrungen für würdig erachtet wurden. Das Private hatte demgegenüber auch im Kultischen zurückzustehen; Familienkulte traten daher hinter den Staatskult zurück. So waren z.B. aufwendige und individuell ausgerichtete private Bestattungsfeierlichkeiten gesetzlichen Regelungen unterworfen.

Die Einbettung der Religion in das öffentliche Leben Spartas zeigt sich nicht zuletzt in der **Rechtsordnung**. Für Platon mußte das auch so sein, denn wo man die Götter ehrt, da achtet man auch die Rechte der Mitmenschen: „Dem Gott folgt stets die Gerechtigkeit nach als Rächerin für diejenigen, die hinter dem göttlichen Gesetz zurückbleiben" (Gesetze 716a). Wenn man von diesem Zusammenhang zwischen Recht und Gottesfurcht überzeugt ist, macht Gewaltenteilung, also die Trennung zwischen gesetzgeberischer, exekutiver und rechtsprechender Gewalt im Staate, keinen Sinn. Denn diese geht ja davon aus, daß nicht Götter oder ein Gott das Zusammenleben regeln und Rechtsbrüche strafen, sondern die Menschen selbst – und die müssen bei ihrer Unvollkommenheit in ihren Befugnissen eingeschränkt und kontrolliert werden. In einer gottesfürchtigen Stadt wie Sparta war das anders. Allerdings sind unsere Nachrichten über das Rechts- und Prozeßwesen in Sparta sehr spärlich.

Die Rechtsprechung lag, da es ja keine Gewaltenteilung im modernen Sinne gab, in den Händen der auch politisch wichtigsten Institutionen: der Könige, der *gerusia* und der Ephoren. Die Volksversammlung hatte keine richterlichen Befugnisse, und zudem gab es – auch hier im Unterschied zu Athen – keine besonderen Gerichtshöfe. Verallgemeinernd kann man die richterlichen Kompetenzen wie folgt auf die politischen Institutionen aufteilen: Der höchste Gerichtshof war die *gerusia*, die mit Kapitalprozessen befaßt war und Todesstrafen fällen konnte. Die Ephoren befaßten sich als Wächter der Gesetze mit allen Fragen, die den Staat betrafen, also insbesondere Hochverrat, Amtsmißbrauch oder Gesetzesübertretung. Gleichzeitig richteten sie als Volksvertreter in Privatprozessen, und zwar waren sie mit dieser Aufgabe täglich und nicht kollektiv befaßt, d.h. jeder Ephor konnte auch ohne das Gesamtgremium Recht sprechen. Die Könige schließlich hatten richterliche Kompetenzen vor allem im Felde, dann aber auch „über die Wahl eines Gatten für Erbtöchter, die der Vater nicht mehr verloben konnte, und über die öffentlichen Wege", wie Herodot schreibt (6, 57, 4). Hier spiegelt sich die alte Funktion der Könige im Krieg und bei der Landvergabe auch im Recht wider.

Als todeswürdiges Verbrechen wurde neben Mord die Verfehlung gegen die Staatsinteressen angesehen, denn diese waren in der Vorstellung der Spartaner gleichzeitig die Interessen der Götter. Wer also die göttlich legitimierte Staatsordnung Spartas nicht achtete, hatte sein Leben verwirkt. Neben der Todesstrafe gehörten noch Verbannung, hohe Geldbußen sowie gesellschaftliche Ächtung und Aberkennung der Bürgerrechte zum Strafrepertoire.

Die Rechtsordnung funktionierte entsprechend den Richtlinien der Staatsordnung in Sparta. Übeltäter wurden gesellschaftlich ausgestoßen, weil sie mit ihren Handlungen gegen die göttliche Ordnung verstoßen hatten.

VIII. Die spartanische Kultur

„Dort blüht die Lanze der jungen Männer und die helle Muse und die Gerechtigkeit, die auf breiter Straße schreitet", dichtete Terpander, einer der bedeutendsten Musiker der Antike; er lebte im Sparta des 7. Jahrhunderts v. Chr. Diese Verse beschreiben das Leben in Sparta, und zu diesem Leben gehörte neben dem Krieg, der Religion und dem Recht auch die Muse. Dies ist nicht überraschend, denn die Muse stellte die Verbindung der Spartaner zu den Göttern her, die, wie wir sahen, hoch geehrt waren. All die Feste und Reigen zu Ehren der Götter bedurften der Musik, um der Freude und Dankbarkeit der Menschen Ausdruck zu verleihen. Eine andere Art von Musik wiederum sollte die Herzen der Krieger für eine schwere Schlacht wappnen. Tyrtaios und Alkman, die beiden herausragenden Komponisten und Dichter des 7. Jh. v. Chr. in Sparta, verkörpern diese beiden nur scheinbar gegensätzlichen Seiten der spartanischen Dichtkunst. In Wirklichkeit nämlich gehören beide zusammen: Der liebliche, lyrische, fröhliche, tänzerische Alkman und der ernste, kriegerische, anfeuernde, politische Tyrtaios. Musik und Dichtkunst waren politisch, ja sie bildeten geradezu das Fundament des spartanischen Lebens. Nichts zeigt diese politische Dimension der Musik deutlicher als die anekdotenhafte Erzählung, daß der Ephor Ekprepes in seiner Funktion als „Aufseher über die Gesetze" auch über die Richtigkeit von Musikinstrumenten wachte und daher nicht zulassen wollte, daß der Musiker Phrynis eine neunsaitige statt der bisher gebräuchlichen siebensaitigen Leier einführte. Der Höhepunkt spartanischer Dichtkunst und Musik liegt im 7. Jahrhundert v. Chr. Die zeitliche Parallelität mit der Ausbildung des spartanischen Staates ist nicht zufällig; beides war vielmehr aufeinander bezogen. Als die politische Ordnung seit dem 5. Jahrhundert v. Chr. „erstarrte", sich rückwärts orientierte, verlor Sparta auch seinen Ruf als Wohnsitz der Musen. Man sang zwar noch lange im Krieg und zu Hause Lieder von Tyrtaios und

Alkman, aber musische Impulse gingen von Sparta nicht mehr aus.

Alkman war kein Spartaner, aber er lebte wohl in der zweiten Hälfte des 7. Jahrhunderts dort. Seine Lieder schmückten alle spartanischen Feste. Daher erklärt sich, daß er, wenngleich als Fremder, den einheimischen lakonischen, etwas rauhen Dialekt verwendete. Seine Gedichte handelten von Göttern und Heroen, von Liebe und Dankbarkeit, Natur, Speisen, Reigen und Schönheit. Gegossen in kunstvolle Rhythmen und Versmaße, vorgetragen zur Leier, gesungen zum Tanze, dienten sie der künstlerischen Gestaltung und Ausschmückung der kultischen Festveranstaltungen und Feiern zu Ehren der Götter. Erst viel später wurden seine Lieder in fünf Büchern angeordnet, von denen heute nur noch wenige Bruchstücke erhalten sind.

Ganz anders, aber nicht weniger spartanisch, dichtete **Tyrtaios**, nahezu gleichzeitig mit Alkman in Sparta weilend. Auch er stammte möglicherweise gar nicht aus dieser Stadt; es waren Gerüchte in Umlauf, daß seine Heimat Athen gewesen sei. Tyrtaios redete mit seiner hohen Dichtkunst den spartiatischen Männern ins Gewissen, niemals dem Kampfe zu entfliehen und den höchsten Ruhm darin zu erblicken, für das Vaterland zu sterben. Denn dieses Vaterland war gottgeliebt und gottgegründet; seine Gründung und seine Wohlordnung (Eunomie) sind von Tyrtaios besungen worden, um den spartanischen Kriegern Liebe zu ihm und gleichzeitig Kampfesmut einzuflößen. Tyrtaios schrieb anders als Alkman im ionischen Dialekt, denn die heroische Sprache Homers, der Hexameter und der ionische Dialekt entsprachen seiner Intention eher als das weniger heldenhaft klingende und rauhere Lakonische. Tyrtaios war ebenso ein Kriegs- wie ein politischer Dichter.

Diese beiden berühmtesten spartanischen Dichter und noch andere, wie der schon erwähnte Terpander, kamen aus dem „Ausland", aus Lesbos, Kreta oder Ionien, nach Sparta und erhielten von den dortigen Behörden den Auftrag, die religiöse, politische und militärische Ordnung musikalisch zu untermauern; auch daß für die Ausschmückung der Gymnopaidien ein Collegium von Musikern aus aller Herren Länder herbeigeholt wurde, zeigt den hohen Stellenwert, den man in Sparta der Musik für öffentliche Zwecke beimaß.

Ein weiterer Bereich spartanischer Kultur verdient neben der Dichtung und Musik Beachtung, weil hier spartanische Künstler auch im „Ausland" offenkundige Erfolge erzielten: die bildende Kunst. Die spartanische Kunst stand zwar ein wenig im Schatten derjenigen Korinths oder Athens, war aber durchaus eigenständig. Auffällig ist die weite Verbreitung spartanischer Kunsterzeugnisse zu Beginn des 6. Jahrhunderts v. Chr. in aller Welt. Bemalte Keramik, wie Vasen, Krüge oder Schalen, Bronzearbeiten, Elfenbeinschnitzereien und Terrakottafiguren spartanischer Herkunft wurden in Griechenland, Italien, Spanien, Frankreich, der Schweiz, Ungarn, der Ukraine, Afrika und Kleinasien gefunden. Sie erlauben es uns, lakonische Kunst nach Stilrichtungen zu differenzieren und ein Urteil hinsichtlich ihrer Qualität abzugeben.

Was vielleicht auf den ersten Blick am meisten verwundert, ist, daß Spartas Kunst im 6. Jh. von weitreichenden Kontakten mit anderen Städten und Regionen zeugt. Fremde Einflüsse werden in der künstlerischen Gestaltung sichtbar, man exportiert seine Kunstprodukte in alle Welt, Dichter aus ganz Griechenland messen sich in ihrer Kunst in Sparta. Wie im Bereich der Musik wurden auch im Bereich der bildenden Kunst fremde Künstler nach Sparta geholt. Der Beschäftigung von Alkman, Terpander und Tyrtaios in der musischen Dichtung entsprach die eines Bathykles als Bildhauer, eines Theodoros von Samos als Architekt; diese sind nur einige, wenn auch herausragende Beispiele für eine aktive, Grenzen überwindende spartanische Kulturpolitik. Platon forderte für seinen Idealstaat in Anlehnung an dieses spartanische Vorbild, daß ein zu gründender Staat unbedingt auch ausländische Künstler herbeiholen solle.

Dies alles will nicht recht zum Bild des eigenbrötlerischen, mit sich selbst beschäftigten und fremdenfeindlichen Sparta passen, das man sich im allgemeinen von dieser Stadt macht. Darf man deshalb von einem „anderen Sparta", einer Stadt der Dichtung und Musik, der Kunst und Kultur sprechen? Das Wort vom „anderen Sparta" ist irreführend. Man sollte nämlich zweierlei bedenken, was das spartanische Kunstschaffen in der archaischen und klassischen Zeit Griechenlands angeht:

1. Kultur in Sparta unterlag einer wichtigen Beschränkung – sie mußte dem Staat Nutzen bringen. Künstler wurden nach Sparta geholt, um Musik und Lieder für Feste, Märsche und Anfeuerungen für den Krieg zu komponieren, um Statuen für Tempel und Amtsgebäude, Weihgaben und Keramiken für den kultischen Gebrauch kunstvoll zu gestalten. Kultur war also ohne Zweifel auch in Sparta zu Hause, aber sie mußte, um eine moderne Wendung zu gebrauchen, gesellschaftlich relevant und der Ordnung dienstbar sein.

2. Das Denken, die Philosphie, die Geschichtsschreibung, die Komödie und Tragödie, die Rhetorik dagegen fanden keine Heimstatt in Sparta; dort sucht man einen Platon oder Aristoteles, einen Herodot und Thukydides, einen Euripides und Sophokles, erst recht einen Aristophanes vergebens. Das Streben nach tieferer Erkenntnis, nach Unterhaltung und Redeerfolg nützen nur dem Individuum, nicht aber einer festgefügten Staatsordnung.

So fügt sich die spartanische Kultur in die gesellschaftliche Ordnung ein. Es gibt keine zwei Gesichter Spartas und keinen Gegensatz zwischen dem Sparta des Krieges und dem Sparta der Kultur. Vielmehr sind „beide" Spartas Teile des gesamten Kosmos, Teile der spartanischen Ordnung. Deshalb verliefen auch ihre Entwicklungen parallel: Als Spartas Ordnung seit etwa 500 zunehmend erstarrte, sich nur noch peripher, nicht mehr substantiell änderte, endete folgerichtig auch die kulturelle Kreativität. Von nun ab gab es keine Schaffung von neuen Kunstwerken mehr, keine Produktion für den Export, weder Kunst- noch Künstlerimport, und nur noch die alten Lieder wurden gesungen.

IX. Das Instrument der Hegemonie:
Der Peloponnesische Bund

Der Name „Peloponnesischer Bund" ist modern. Die offizielle Bezeichnung lautete „Die Lakedaimonier und ihre Bundesgenossen", aber die Griechen sprachen zumeist von „den Peloponnesiern", weil die Peloponnes den Stamm des Bundes bildete. Allerdings reichte Spartas Einfluß über deren Grenzen hinaus. Seine größte Ausdehnung erreichte der Bund im und nach dem Peloponnesischen Krieg (431–404 v. Chr.), als Sparta die Herrschaft über ganz Griechenland ausübte; seine Entstehung fällt in die zweite Hälfte des 6. Jahrhunderts v. Chr., sein Ende fällt zusammen mit der Niederlage gegen Theben bei Leuktra im Jahre 371 v. Chr.

Die moderne Bezeichnung als Peloponnesischer Bund ist nicht nur nicht korrekt, sondern sie führt auch sachlich in die Irre. Denn Spartas Bündnissystem war nicht einem Staatenbund unserer Tage, wie z. B. der NATO, vergleichbar. Es gab keine gemeinschaftlichen Bundesorgane, zu deren Tagungen sich regelmäßig Vertreter aller Bundesmitglieder getroffen hätten. Vielmehr schloß Sparta mit den jeweiligen Städten Einzelverträge, d. h. diese waren nur mit Sparta, nicht aber untereinander verbündet.

Als auf diesem Wege fast die gesamte Peloponnes – die wichtigsten Städte waren Korinth, Megara, Elis – von Sparta beherrscht wurde, trat das Bündnis in eine neue Phase ein. Es schien nämlich vortrefflich geeignet, Spartas außenpolitischen Ambitionen auch außerhalb der Peloponnes Nachdruck verleihen zu können. Zu diesem Zweck richtete Sparta Bundesversammlungen ein, die in unregelmäßigen Abständen und nur auf Einladung der Hauptstadt zusammentraten und gemeinsame Unternehmungen beraten sollten. Zum ersten Mal tagte eine derartige Versammlung im Jahre 506 v. Chr., als König Kleomenes den Tyrannen Hippias nach Athen zurückführen und sich dafür der Zustimmung seiner Verbündeten versichern wollte. Von diesem Zeitpunkt an tagte die Bundesversammlung immer dann, wenn ein großer Bundeskrieg bevorstand, wie beispielsweise 481 gegen die Perser oder 432 gegen Athen.

Die **Struktur** des Peloponnesischen Bundes ergibt sich aus dem Vorhergehenden. Die wichtigste Klausel der Bündnisverträge besagte, daß die Stadt X „denselben zum Freund und zum Feind wie die Lakedaimonier haben solle". Mit dieser Klausel waren die Verbündeten in den Krieg Spartas gegen die Heloten, der ja alljährlich neu von den Ephoren erklärt wurde, eingebunden. Solange es diesen Krieg gab, solange blieben die Bündnisverträge – auch ohne genaue Befristung – gültig. Eine zweite Klausel übertrug die Führung (griechisch: Hegemonie) der militärischen Verbände in diesem Krieg an Sparta; sie lautete: „... folgen, wohin immer auch die Lakedaimonier führen, sowohl zu Lande wie zu Wasser". Einseitige Friedensschlüsse waren selbstverständlich untersagt; flüchtige Feinde durften nicht aufgenommen werden. Und schließlich wurde seit der zweiten Hälfte des 5. Jh. v. Chr. dieser „Ur"-Vertrag um eine weitere Klausel erweitert, nämlich um eine gegenseitige Beistandserklärung für den Fall, daß das Territorium beider verbündeter Städte durch eine dritte Macht angegriffen würde.

Aus diesen Bestimmungen geht hervor, daß die Bundesstädte Sparta bei einem Helotenaufstand sowie bei einem Angriff von außen, Sparta hingegen den Bundesstädten lediglich bei einem Angriff von außen helfen mußten. Für die Politik Spartas, sich in die inneren Angelegenheiten griechischer Städte nicht nur des Peloponnesischen Bundes einzumischen, wie sie seit dem Ende des 6. Jh. v. Chr. zunehmend betrieben wurde, war die Bündnisstruktur nicht geeignet. Aus diesem Grunde wurde von Sparta als probates Mittel die schon erwähnte Bundesversammlung eingerichtet, mit deren Hilfe es seinen Aktionsradius beträchtlich erweitern konnte. Das Einberufungsrecht hatten nur die Spartaner. Mehrheitsbeschlüssen für einen Krieg folgte ein Vertragsabschluß. So wurde z.B. 431 in einem formalen Vertrag zwischen Sparta und seinen Verbündeten festgelegt, daß der Krieg mit Athen, den man beschlossen hatte, keinen Einfluß auf den territorialen Besitzstand der Bundesgenossen haben dürfe.

Dieser rechtliche Rahmen des Bundes zeigt, daß er als Instrument spartanischer Interessen in der Außenpolitik vorzüglich geeignet war. Denn zum einen verpflichteten die Verträge die Verbündeten ausdrücklich zur Hilfe bei Aufständen der Heloten, wodurch diese isoliert und entmutigt werden sollten, zum anderen sicherten die seit dem Ende des 6. Jh. v. Chr. eingerichteten Bundesversammlungen den Spartanern Einflußmöglichkeiten in ganz Griechenland. All das bewegte sich im Rahmen der üblichen Verfahrensformen des zwischenstaatlichen Verkehrs und ließ insbesondere die Verbündeten im Besitz ihrer Autonomie. Deshalb fühlten sich, als im 5. Jh. die Athener ihren Attischen Seebund in einem bislang in Griechenland nicht gekannten Ausmaße an sich banden und beherrschten, die „freien" griechischen Städte bei Sparta besser aufgehoben und trugen dazu bei, daß Sparta trotz innerer Schwäche unter der Parole „Autonomie für alle" den Sieg über Athen erringen und die Herrschaft über Griechenland erlangen konnte. Im 4. Jh. v. Chr. reformierte Sparta sein Bündnissystem infolge innerer Veränderungen der Stadt mehrmals. So durfte jedes Mitglied auch Geld zahlen statt Truppen zu stellen, und das gesamte Bundesgebiet wurde in zehn Heereskreise eingeteilt. Diese Reformen bewirkten aber keine grundlegende Verbesserung bezüglich der Führungsstellung Spartas, weil die eigentlichen Probleme nicht im Bund, sondern in Sparta beheimatet waren. Als die Thebaner Sparta 371 v. Chr. bei Leuktra besiegten, brach das gesamte Bündnissystem zusammen, und 366 v. Chr. löste die Politik des verbündeten Korinth den Peloponnesischen Bund praktisch auf.

Wenden wir uns zum Abschluß der Frage zu, warum es Sparta trotz aller Erfolge nicht gelungen war, die Peloponnes dauerhaft unter seiner Führung zu vereinen. Warum gab es kein „Peloponnesisches Reich", wie es ein „Attisches Reich" in der Ägäis unter der Führung Athens gab? Die Antwort auf diese Frage ist in der Struktur des Bundes zu suchen und in der Divergenz der beiderseitigen Interessen Spartas und seiner

Verbündeten. Sinn und Zweck des gesamten Vertragssystems war die Bannung der für Sparta bedrohlichen Helotengefahr, es war also vollständig auf den Eigennutz hin ausgerichtet. Damit schafft man natürlich kein integratives Band zwischen Hauptstadt und Verbündeten. Die Idee des Attischen Seebundes dagegen war die gemeinschaftliche Abwehr der Perser, also das Gemeinwohl aller Verbündeten. Sparta hingegen schien egoistisch, träge und schwerfällig, wenn es galt, sich für die Interessen der Verbündeten einzusetzen. In den dreißiger Jahren des 5. Jh. v. Chr. mußten Korinth und andere peloponnesische Städte die Erfahrung machen, daß spartanische Hilfe gegen das übermächtige Athen nur unter Drohungen erkämpft werden konnte.

X. Herrschaft und Niedergang:
Sparta von 404 bis 244 v. Chr.

Beträchtliche Reichtümer gelangten als Folge des Sieges über Athen 404 v. Chr. in Form von Beute, persönlichen Zahlungen und Tributen nach Sparta. Darüber hinaus wurden die Spartiaten in ihrem neuen Herrschaftsgebiet mit geistigen Strömungen konfrontiert, die für sie neu und ungewohnt waren und die das einfache spartanische und gottesfürchtige Leben aufzuweichen begannen. Spartanische Führer machten auch vor Eidbruch und Betrug nicht halt, um politische Vorteile zu erlangen, Bestechungsfälle wurden bekannt. Dazu kam, daß viele Spartiaten Führungsaufgaben in der Fremde übernehmen mußten, um die neu hinzugewonnenen Städte direkt beherrschen zu können. Nach ihrer Rückkehr in die Heimat war es nicht leicht, diese Männer wieder in die Phalanx der „Gleichen" zu integrieren. Ein herausragendes Beispiel für den Gang der Entwicklung war der Feldherr **Lysander**, der in den letzten Jahren des Peloponnesischen Krieges maßgeblichen Anteil am Sieg über Athen gehabt hatte und der die spartanische Herrschaft in Thrakien und der Ägäis organisierte. Er war nur wenig geneigt, sich den Regeln politischer Betätigung in der Heimatstadt unterzuordnen. Lieber ließ er sich göttliche Ehren in seinem Herrschaftsgebiet auf der Insel Samos erweisen und dachte laut darüber nach, die althergebrachte und göttlich legitimierte Ordnung in Sparta über den Haufen zu werfen, damit Männern wie ihm der gebührende Platz eingeräumt werden könne. Solche Überlegungen brachten die Ephoren auf den Plan und provozierten konfliktträchtige politische Auseinandersetzungen, um den richtigen Weg in die Zukunft zu finden. Denn neben der „imperialistischen" Partei um Lysander formierte sich eine konservative, verfassungstreue Gegenbewegung um den König Pausanias, welche Gefahren für die innere Ordnung Spartas befürchtete. Schließlich gab es seit dem Ende des 6. Jh. v. Chr. einen allgemeinen Konsens darüber, daß spartanisches Engagement sich auf das

Mutterland zu beschränken habe, da andernfalls eine Überdehnung der Kräfte zu befürchten sei – und genau diese Befürchtungen wurden nach 404 v. Chr. Realität. Aber die Spartaner konnten nicht allein über ihren Weg in die Zukunft entscheiden. An den Sieg über Athen waren unterschiedliche politische Erwartungen geknüpft gewesen, seitens der Bundesgenossen, seitens der Geldgeber aus Persien, seitens der neutralen griechischen Städte und auch seitens der ehemaligen athenischen Verbündeten. Schließlich war Sparta mit der Parole „Freiheit und Autonomie für alle Griechenstädte" in den Krieg gezogen, hatte es versprochen, den athenischen Imperialismus ein für allemal hinwegzufegen, gleichzeitig aber auch Sicherheit für alle zu gewährleisten; es hatte ferner eine Politik des Friedens und des Wohlstandes in Aussicht gestellt, aber gleichzeitig den persischen Zahlmeistern die Zusicherung gemacht, an deren Herrschaft über die kleinasiatischen Griechen nicht rütteln zu wollen. All diese hochgesteckten und gleichzeitig sich widersprechenden Erwartungen und Hoffnungen konnte Sparta nicht erfüllen; die Diskussion darum, wie man mit ihnen umgehen sollte, verstärkte die Spannungen auch im Inneren.

Dabei hat es den Spartanern durchaus nicht an dem Willen gefehlt, ihren neuen Platz in Griechenland auszufüllen. Davon zeugen Unternehmungen gegen das selbstbewußte Elis im Nordwesten der Peloponnes und das sich in einer Schwächephase befindliche Perserreich unter der Führung des **Agesilaos** (399–360 v. Chr.), der die kleinasiatischen Griechen vom Joch der persischen Herrschaft befreien wollte. Dieser spartanische König war eine tragische Gestalt. Militärisch hochbegabt, ausgestattet auch mit politischem Geschick, vermochte er es nicht, den Fall seiner Stadt aufzuhalten. Es ist müßig zu fragen, ob mit grundlegenden Anpassungsreformen in Sparta die Niederlage von Leuktra hätte verhindert werden können, aber Agesilaos war kein Mann mit Ideen für notwendige Veränderungen. Wohl war er als echter Sohn seiner Stadt gut vertraut mit dem beschränkten Potential Spartas, aber ebenso hatte er von Grund auf gelernt und verinnerlicht, daß nicht politische und gesellschaftliche Veränderungen, sondern gute Feldherren das spartanische Kriegspotential zu steigern pflegten. Ein guter Feldherr sein, hieß in Sparta, mit wenigen Spartiaten und dem Einsatz der Verbündeten große Erfolge zu erringen. Agesilaos entsprach zweifellos diesem Ideal des guten Feldherrn: Mit nur 30 Spartiaten, etwa 2000 Neodamoden, also freigelassenen Heloten, 6000 Bundesgenossen und einem „nationalen" Programm zur Befreiung der kleinasiatischen Griechen ausgestattet, brachte er das Perserreich 396/95 v. Chr. in arge Bedrängnis und errang auch nach seiner Rückberufung nach Griechenland militärische Siege. Wichtiger freilich als seine Siege war, und darin liegt die Tragik des Agesilaos, daß sie wertlos waren, daß sie nichts einbrachten; denn sie wiesen keinen Weg, wie Sparta aus seiner im Inneren wie im Äußeren verfahrenen Lage herauskommen könnte.

Zwei Ereignisse brachten das ganze Ausmaß dieser Krise zum Vorschein, die in die Anfangszeit der Königsherrschaft des Agesilaos gehören: der Korinthische Krieg (395–386 v. Chr.) und die Verschwörung des Kinadon (398 v. Chr.). **Kinadon** war kein Spartiate, wollte jedoch in der Stadt einem Vollbürger gleichberechtigt sein. Deshalb versuchte er, eine Verschwörung aus den minderberechtigten Gruppen des spartanischen Staates, also Heloten, Neodamoden, Hypomeiones und Periöken, zustande zu bringen. Sein Plan wurde allerdings vor der Durchführung von den Ephoren aufgedeckt. Dabei hatte Kinadon seine Erfolgsaussichten durchaus realistisch berechnet, denn er sah jeden Tag auf dem Marktplatz von Sparta, wieviele Unzufriedene den wenigen Vollspartiaten gegenüberstanden.

Ähnlich mögen die Thebaner gerechnet haben – nur daß sie anstelle von Personen Städte zählten, die unzufrieden mit Sparta waren. Schnell brachten sie daher eine Koalition zusammen, der neben Theben selbst unter anderem auch Korinth, Athen und Argos angehörten. Der Krieg, der jetzt gegen Sparta geführt wurde, heißt nach dem Hauptkriegsschauplatz **Korinthischer Krieg**. Er wurde geführt, um Spartas Vorherrschaft in Griechenland abzuschütteln. Sein Verlauf war wechselhaft und blieb ohne eindeutigen Sieger, aber sein Ergebnis schränkte die Machtstellung, die Sparta mit dem Sieg über Athen im Jahre 404 gewonnen hatte, beträchtlich ein. Denn zum einen verlor Sparta nach einer empfindlichen Niederlage zur See im Jahre 394 gegen die persische Flotte, die von dem athenischen Admiral Konon befehligt worden war, bei Knidos nordwestlich von Rhodos seine erst kurz vorher errungene Seeherrschaft in der Ägäis wieder; zum anderen brachte der von dem persischen Großkönig initiierte Friedensvertrag von 386 v. Chr., der deshalb als Königsfriede in die Geschichte eingegangen ist, in das allgemeine Bewußtsein, daß Sparta nicht nur zur See, sondern überhaupt nicht aus eigener Kraft in der Lage war, Herrschaft über Griechenland auszuüben.

Im Grunde war dieser **Königsfriede** ein Debakel für Sparta. Er war unter Mitwirkung des persischen Königs zustande gekommen, der gleichsam als Schiedsrichter der Streitigkeiten zwischen den griechischen Städten fungierte und dafür als Gegenleistung von Sparta die vertraglich zugesicherte Herrschaft über die kleinasiatischen Griechenstädte erhielt. Sparta mußte angesichts dieses Vertrages eingestehen, daß es ohne persische Hilfe nicht Hegemonialmacht sein konnte. Seine Reputation, die es sich in den Perserkriegen und dem Peloponnesischen Krieg als eine Art Schutzmacht bedrängter Griechenstädte erworben hatte, war dahin. Im gleichen Atemzug, um von seinem Ansehen zu retten, was nicht mehr zu retten war, verkündete Sparta Autonomie für alle griechischen Städte und setzte sich selbst als Aufseher über diesen Vertragspunkt ein. Allgemeiner Friede und Autonomie – das waren die wohlklingenden Schlagworte des Königsfriedens, in deren Sog Sparta seine Stellung in Griechenland zu behaupten versuchte. Dieser Versuch, wenigstens als Juniorpartner des Perserkönigs eine Art spartanisches Imperium aufzubauen, mißlang allerdings. Zwar reformierte Sparta zwischen 383 und 377 v. Chr. zweimal den Peloponnesischen Bund, um effektvoller Aushebungen vornehmen zu können (siehe Kapitel IX), und agierte eifrig im Namen der Autonomieklausel des Königsfriedens als Polizist in Griechenland. Aber wenn es gerade einen Brand irgendwo gelöscht hatte, loderte woanders ein neues Feuer auf. Alte Mächte wie Athen oder Theben erstarkten wieder, neue Mächte wie Jason von Pherai in Thessalien betraten die griechische Bühne. Sie alle versuchten, ihren politischen Einfluß auf Kosten Spartas auszudehnen. Im Jahre 377 v. Chr. gründete Athen sogar einen Zweiten Attischen Seebund, dessen Charta ausdrücklich gegen Sparta gerichtet war und der aus diesem Grunde großen Zulauf hatte. In dieser verfahrenen Situation setzte Sparta 371 v. Chr. noch einmal, wie schon 386 v. Chr., auf einen Königsfrieden. Es erklärte sich bereit, die äußeren Zeichen der ungeliebten spartanischen Herrschaft in den griechischen Städten abzuziehen, d. h. die Harmosten und Soldaten; Autonomie und Friede lauteten erneut die Schlagworte. Da aber die Thebaner, inzwischen selbst von einer Großmachtstellung träumend, den Anspruch erhoben, für ihre Verbündeten in Böotien den Vertrag zu unterzeichen, und damit deren Autonomie nicht anerkannten, kam es zum Krieg zwischen Theben und Sparta, das wieder als Vollstrecker der vertraglichen Abmachungen auftrat. Der König Kleombrotos wurde von der Volksversammlung mit der Kriegsführung beauftragt, 700 Spartiaten zogen mit ihm. 30 km südlich von Theben, bei Leuktra in Böotien kam es zum Kampf mit dem thebanischen Heeresaufgebot unter dem Feldherrn Epaminondas. Die Niederlage der Spartaner war vollständig und fürchterlich – allein 400 der 700 Spartiaten blieben auf dem Schlachtfeld –, die Folgen waren weitreichend. Die Niederlage bedeutete nämlich für immer den Abschied Spartas von seiner Rolle als Großmacht in Griechenland, ein Abschied, der für beide Seiten, Sparta und Griechenland, schmerzliche Konsequenzen haben sollte. Die unmittelbare Folge der Schlacht von Leuktra war, daß Sparta empfindlich weniger Bürger als vorher hatte, daß der Mythos von der Unbesiegbarkeit dahin war, daß Heloten und Perioken abfielen, daß der Peloponnesische Bund vor der Auflösung stand, daß Messenien sich vom Lakedaimonischen Staat abspaltete, schließlich daß Lakonien selbst von feindlichen Truppen heimgesucht wurde – mit all dem, was 30 Jahre zuvor nach dem glorreichen Sieg über

Athen nicht einmal der böswilligste Feind zu hoffen gewagt hatte, steht der Name Leuktra für das Ende einer Epoche spartanischer Hegemonie in Griechenland.

Griechenland selbst war im Wortsinne kopflos geworden. Theben war viel zu schwach, die neugewonnene Stellung auszufüllen. Aber letzten Endes waren alle großen *poleis*, ob Theben, Athen oder Sparta, zu schwach. Theben und Sparta standen sich 362 v. Chr. noch einmal militärisch gegenüber, diesmal bei Mantineia auf der Peloponnes. Und geradeso, als ob das Chaos in Griechenland vollständig gemacht werden sollte, endete die Schlacht mit einer Schwächung beider Seiten: Sparta wurde wieder besiegt, und die siegreichen Thebaner verloren ihren Feldherrn Epaminondas.

So verlor in den Jahren zwischen 371 und 362 v. Chr. der Mythos Sparta seine reale Grundlage: Messenien gehörte nicht mehr zum Staat der Lakedaimonier, und es bedarf keiner großen Phantasie, um sich die Folgen dieser Loslösung von mehr als einem Drittel des Staatsgebietes für Sparta auszumalen.

Was wir von Sparta zwischen 362 und 244 v. Chr. wissen, ist wenig. Das ist nicht verwunderlich, denn normalerweise findet eine Stadt, die nicht mehr führend und außergewöhnlich ist, sondern teilweise sogar von anderen geführt wird, teils sich schmollend abkehrt, nicht das bewundernde Interesse von zeitgenössischen Beobachtern, Historikern, Dichtern oder Rednern. Diese konzentrierten sich vielmehr auf den fundamentalen Wandel der Verhältnisse in Griechenland seit 360 v. Chr., an dem Sparta lediglich passiven Anteil hatte. Die Eroberungspolitik Philipps II., des Königs von Makedonien (359–336 v. Chr.), war der sichtbare Ausdruck dieses Wandels, aber vorbereitet hatte er sich schon seit spätestens 386 v. Chr., dem Zeitpunkt des Königsfriedens. Philipp II. füllte die Lücke, die Sparta hinterlassen hatte; er übernahm nahezu nahtlos den Staffelstab der Hegemonie von seinem Vorgänger Sparta. Im Schatten dieser Makedonenherrschaft führte Sparta durchaus ein eigenständiges Dasein; im Vertrauen auf die einstige Größe unternahm es sogar gelegentliche Versuche, an alte Zeiten anzuknüpfen, gegen die drohende Bevormundung aufzubegehren, Widerstand gegen die neuen Herren zu organisieren. Schon 362 v. Chr., nach Mantineia, hatte Sparta sich geweigert, den „Allgemeinen Friedensvertrag" zu unterzeichnen, und 338 v. Chr. trat es nicht dem von Philipp gegründeten und von diesem dominierten „Korinthischen Bund" bei; denn diese gesamtgriechischen Vereinbarungen betrachteten Messenien, einstmals Bestandteil des spartanischen Staates, als selbständigen Staat, und Sparta weigerte sich beharrlich, Messenien völkerrechtlich anzuerkennen – eine Art spartanische Hallstein-Doktrin. Sieben Jahre später wagten die Spartaner gar gegen den Bezwinger des Perserreiches Alexander den Großen einen Aufstand, für den dieser nur Spott übrig gehabt haben soll. Auch gegen die Nachfolger Alexanders in Europa, Demetrius den Städtebelagerer (294 v. Chr.) und Antigonos Gonatas (264 v. Chr.), scheiterten spartanische Versuche, wieder Einfluß in Griechenland zu gewinnen. Die Erinnerung an die einstige Größe war eine Sache, die realen Verhältnisse eine ganz andere. Seit der Schlacht von Mantineia 362 v. Chr. war Sparta auf seinem Sonderweg umgekehrt, und es hatte sich, im politischen Gleichschritt mit den anderen Städten, allmählich den veränderten politischen Verhältnissen in Griechenland angepaßt. Sparta wurde eine Stadt unter vielen.

Im 3. Jh. v. Chr. wurde Sparta erneut von einer Krise geschüttelt, die zum Teil hausgemacht, zum Teil aber auf gesamtgriechische Entwicklungen zurückzuführen war. Die Zahl der Vollbürger sank weiterhin beständig, während die Kluft zwischen Armen und Reichen immer größer wurde. Außenpolitisch endete der „Chremonidische Krieg" (benannt nach einem athenischen Politiker) mit einem Fiasko für Sparta. Eine Allianz bestehend aus Athen, Sparta und Ptolemaios II. von Ägypten hatte gegen Makedonien gekämpft; im Jahre 264 unterlag und fiel König Areus von Sparta in diesem Krieg bei Korinth. Sparta war nach dieser Niederlage total erschöpft. Sollte die Unabhängigkeit gewahrt bleiben, waren innere Reformen unabdingbar. Wie selbstverständlich richtete sich der Blick der Reformer auf die Vergangenheit. Mit den Reformkönigen Agis und Kleomenes, die seit 244 v. Chr. den mythischen Gesetzgeber Lykurg zu neuen Ehren brachten, beginnt die letzte Phase der Geschichte des selbständigen Sparta; ihr wollen wir uns im nächsten Kapitel zuwenden.

XI. Reformversuche im Schatten der Großmächte: Sparta 244 bis 146 v. Chr.

Trotz aller Krisen war die politische Struktur Spartas weitgehend erhalten geblieben. Volksversammlung, *gerusia* und Königtum bildeten nach wie vor die Eckpfeiler des Staates. Mit engagierten Reformen versuchten spartanische Könige wie Agis IV., Kleomenes III. und Nabis über ein halbes Jahrhundert (244–192 v. Chr.), Lehren aus der Vergangenheit zu ziehen und Sparta vor dem Zugriff der Großmächte Makedonien, des Achaiischen Bundes und Roms zu bewahren. Den Anfang machte **Agis IV**. Als Angehöriger des Königshauses der Eurypontiden im Jahre 244 v. Chr. schon als junger Mann auf den Thron gelangt, begann er sogleich mit der Ausarbeitung eines sozialreformerischen Programms, dessen praktische Umsetzung in Sparta fast noch dringlicher war als anderswo in Griechenland. Überall klaffte ein großer Riss zwischen Arm und Reich, erscholl der Ruf nach Schuldentilgung und Neuverteilung des Bodens, brachen Krawalle und Revolten aus. In Sparta kam zu diesen gesamtgriechischen Konflikten das Problem des Mangels an Bürgern hinzu. Kaum 700 Bürger zählte die Stadt noch, und selbst diese Zahl war in Gefahr. Einige wenige Reiche bedrohten nämlich die wirtschaftliche Existenz der Mehrheit. Mit dieser Hypothek belastet, war Sparta auch außenpolitisch handlungsunfähig geworden. Agis, seine zumeist jugendlichen Mitstreiter sowie seine mächtigen weiblichen Verwandten wollten das ändern. Sie legten ein Sozialprogramm vor, das die Probleme an der Wurzel anpacken wollte und grundlegende Veränderungen vorsah. Kern des Programms war ein allgemeiner Schuldenerlaß, verbunden mit einer Neuverteilung des Bodens. 4500 Landlose in Lakonien sollten an Neuspartiaten, 15000 Lose an Periöken verteilt werden. Die Neuspartiaten sollten aus Periöken und Fremden rekrutiert werden. Damit diese zusammen mit den Altbürgern eng in den spartanischen Staat und seine Grundsätze eingebunden wurden, belebte Agis alte Einrichtungen wie die *agoge* und die Syssitien, gab ihnen aber ein zum Teil verändertes Gesicht; Syssitien z. B. wurden jetzt mit 200–400 Mitgliedern statt den überlieferten 15 eingerichtet.

Letzten Endes scheiterte das ehrgeizige Projekt des Agis jedoch, weil der Widerstand der Reichen sich als zu heftig erwies und weil mancher vorgebliche Mitstreiter sich schließlich als unzuverlässig erwies. Der Konflikt innerhalb der spartanischen Bürgerschaft führte sogar dazu, daß Agis gefangen gesetzt und getötet wurde (241/40 v. Chr.).

Sein Nachfolger, der König **Kleomenes III.** (235–222 v. Chr.), übernahm und erweiterte das Reformprogramm des Agis jedoch, und er hatte damit mehr Erfolg als sein Vorgänger. Das lag daran, daß Kleomenes einen günstigeren Zeitpunkt für seine Reformpolitik wählte als Agis. Die erfolgreiche Außenpolitik des Königs war es, die den Widerstand gegen Veränderungen zunächst verstummen ließ.

Seine **politischen** Reformen zielten darauf, den innenpolitischen Gegner auszuschalten und insbesondere den gesamten Entscheidungsprozeß in Sparta effektiver zu gestalten; der König zog damit die Konsequenzen aus dem Scheitern des Agis. Die im Amt befindlichen Ephoren wurden umgebracht (vier von fünf), das Amt als unlykurgisch beseitigt; gleichfalls wurden die Befugnisse der *gerusia* eingeschränkt, das Amt der Verfassungswächter (*patronomoi*) eingerichtet und das Doppelkönigtum reaktiviert (wobei Kleomenes freilich seinen eigenen Bruder als Mitkönig einsetzte). Um seinen Reformen gute Startbedingungen zu verschaffen, ließ er zehn oppositionelle Spartiaten töten sowie 80 weitere verbannen; allerdings stellte er eine Aussöhnung mit seinen Gegnern und den von ihm selbst Verbannten in Aussicht.

Sodann ordnete Kleomenes die **wirtschaftlichen** und **sozialen** Verhältnisse der Stadt neu. Schuldentilgung und Landverteilung sollten die sozialen Gegensätze ausgleichen und vor allem die Bürgerzahl erhöhen. 4000 Landlose gleicher Größe wurden an waffenfähige Männer aus den „Geringeren" und Periöken verteilt; zusätzlich wurden Fremde auf ihre Tauglichkeit zum Bürger hin geprüft. Als Kleomenes am Ende seiner Regierungszeit mehr und mehr militärisch unter Druck geriet, wurden viele Heloten gegen Geldzahlungen freigelassen, um die Zahl der Bürger nochmals zu erhöhen. Mit diesen sozialen waren **militärische** Reformen verbunden, die die Schlagkraft des Heeres erhöhen sollten; außerdem wurde die alte lykurgische, auf den Krieg bezogene Lebensführung für alle Bürger wieder zur Pflicht gemacht.

Der Erfolg dieser Maßnahmen in außenpolitischer Hinsicht war überwältigend und nicht allein auf die sofort spürbaren militärischen Verbesserungen zurückzuführen. Vielmehr war es das sozialrevolutionäre Programm des Kleomenes, das viele Hoffnungen in den Städten der Peloponnes und des Achaiischen Bundes weckte. So eilte der König von Erfolg zu Erfolg: Mantineia, Tegea, Dymae, Elis und andere Städte gewann er für Sparta. Für fünf Jahre konnte Kleomenes sogar Spartas hegemoniale Stellung auf der Peloponnes wiederherstellen. Aratus, der Führer des Achaiischen Bundes, stand kurz vor seinem politischen Ende und sah sich mit Bestrebungen auch innerhalb seiner eigenen Gefolgsleute konfrontiert, dem spartanischen König an seiner Statt die Führung im Achaiischen Bund anzutragen. In dieser für ihn nahezu ausweglosen Situation entschloß sich Aratus zu einem verzweifelten Schritt – er verbündete sich mit Antigonos III. Doson von Makedonien (227–221 v. Chr.), dem Staat, in dessen Gegnerschaft in den Augen vieler fast die Existenzgrundlage des Achaiischen Bundes lag. Antigonos erwies sich, wie nicht anders zu erwarten, als durch Kleomenes nicht zu bezwingen. Aber zu seinem Scheitern trug auch bei, daß er die Forderungen vieler verarmter, landloser und verschuldeter Bürger nach Schuldentilgung und Landaufteilung in den von ihm „befreiten" Städten wie Argos nicht erfüllte und wohl auch nicht erfüllen konnte. Spartas Sozialstruktur (Heloten, Perioken) war zu verschieden von derjenigen anderer Städte Griechenlands, und die bloße Übertragung seines Sozialprogramms auf andere Städte war deshalb ausgeschlossen. Es war kein Modell für alle. Die Spartaner mochten es wohl auch nicht als ihren Interessen dienlich angesehen haben, sich auf instabile demokratische

Massenbewegungen zu stützen; „lykurgisch" wäre das jedenfalls nicht gewesen. So kam es 222 v. Chr. bei Sellasia nördlich von Sparta zu einer Schlacht und zur Niederlage des spartanischen Aufgebotes gegen die Koalition aus Achaiern und Makedonen. Kleomenes entkam zwar und floh nach Ägypten, dessen König Ptolemaios III. Euergetes (246–222/21 v. Chr.) ihn gerne aufnahm. Aber mit dieser Niederlage bei Sellasia endete der große Traum von einem neuen Sparta, das seine einstige Machtstellung in Griechenland hätte wiedergewinnen können.

Die gravierenden Folgen für Sparta bestanden darin, daß die Stadt am Eurotas zum ersten Male in ihrer Geschichte von einer fremden Macht, den Makedonen, eingenommen wurde; ferner wurden einige (wir wissen freilich nicht, welche) Veränderungen an der politischen Ordnung vorgenommen. Außenpolitisch durchlebte Sparta zwischen 222 und 206 eine Schwächeperiode, in deren Verlauf die ersten spartanisch-römischen Kontakte fielen und die innenpolitisch das endgültige Ende des Doppelkönigtums mit sich brachte. Im Jahre 206 bestieg die letzte bedeutende spartanische Persönlichkeit, **Nabis**, den Thron. Er war König, wie die Legenden seiner von ihm geprägten Münzen und Inschriften erkennen lassen, aber eine durchweg ihm feindlich gesinnte griechisch-römische „Presse" machte ihn, noch mehr als Kleomenes, zum Inbegriff eines Tyrannen. Daß Nabis – eine in Sparta sonst nicht bezeugte Namensform – aus einem ordentlichen Königshaus stammte (Eurypontide?), ist wahrscheinlich, aber heute nicht mehr mit Sicherheit zu erweisen.

Nabis war ein Revolutionär. Als er im Jahre 192 v. Chr. starb, war von der traditionellen spartanischen Ordnung nicht mehr viel übrig. In der Nachfolge des Agis und des Kleomenes hatte auch Nabis es sich zur Aufgabe gemacht, Sparta außenpolitisch unabhängig und militärisch stark zu machen; damit sollte es einen gleichberechtigten Rang zwischen den damaligen Großmächten Makedonien, dem Achaiischen Bund, dem Aitolischen Bund und Rom erhalten. Um dieses Ziel zu erreichen, zog er alle Register politischen Handelns: Gewalt und

Überredung, „Blitzkriege" und wohlüberlegtes Ausspielen seiner Gegner, Schüren sozialer Konflikte und konservatives Beharren auf Traditionen. Nabis hatte zunächst mit seiner Politik Erfolg. Im Jahre 197 v. Chr. erhielt er durch ein Bündnis mit König Philipp V. von Makedonien (221–179 v. Chr.), der in seinem Krieg gegen Rom dringend jede Art von Unterstützung benötigte, Argos. Auch in dieser Stadt führte Nabis sein Reformprogramm durch. Zwei Jahre später allerdings mußte er auf römischen Druck hin Argos wieder räumen und zusätzlich auf die lakonischen Periökenstädte verzichten. Denn kurz zuvor hatte im Sommer 196 v. Chr. nach seinem Sieg über Philipp V. in der Schlacht von Kynoskephalai in Thessalien der römische Feldherr Flamininus feierlich die Freiheit und Autonomie aller Griechenstädte verkündet; Herrschaftsausdehnungen wie diejenige des Nabis waren also nicht mehr zeitgemäß – außer der römischen natürlich. So führten die Römer 195 v. Chr. sogar eine Art Befreiungskrieg gegen den Tyrannen Nabis. Trotzdem konnte sich dieser noch eine Weile halten; denn die Römer hielten sich aus innenpolitischen Gründen lange zurück, die Herrschaft über Griechenland direkt zu übernehmen. 192 v. Chr. wurde Nabis ermordet, und Sparta mußte nun in den Achaiischen Bund, der unter der Führung des Philopoimen stand, eintreten, im Jahre 188 v. Chr. ausdrücklich der lykurgischen Ordnung entsagen und die politischen Strukturen und Ämter der Achaier übernehmen. Lykurgisch, so wußten inzwischen die Gegner Spartas, bedeutete in erster Linie: Erringung der Herrschaft auf der Peloponnes.

Für alle griechischen Mächte von einst hatte in den ersten Jahrzehnten des 2. Jhs. v. Chr. eine neue Epoche begonnen. Ob Makedonien, ob der Achaiische und der Aitolische Bund, ob Sparta oder Athen, sie alle mußten sich, spätestens 146 v. Chr., da Rom militärisch die Herrschaft über Griechenland gewann, für viele Jahrhunderte der neuen Oberhoheit beugen. Sparta blieb wenigstens formal auch unter dem Provinzialregiment der Römer eine freie griechische Stadt; und mehr als ein Jahrhundert später, zur Zeit des Kaiser Augustus, gelang es dem Spartaner Gaius Iulius Eurykles (man achte auf den

Namen), Einfluß in Südlakonien und über einige Periökenstädte zu gewinnen. An der Unterordnung Spartas unter die
römische Herrschaft änderte freilich diese Episode nichts.

So sind wir denn an das Ende unserer spartanischen Geschichte gelangt. Nur noch wenige Nachrichten sind es, die vom
weiteren Schicksal der Stadt künden, von der Plünderung und
Zerstörung durch Alarich und die Westgoten 395 n. Chr., von
der slawischen Einwanderung nach Lakonien, von der fränki-
schen Inbesitznahme durch Guillaume II. de Villehardouin im
Jahre 1248. Dieser baute westlich von Sparta Mistra, das vom
13. bis zum 15. Jahrhundert eine große Bedeutung in der By-
zantinischen Geschichte spielte und das Schauplatz so be-
rühmter Dichtungen wie Hölderlins Hyperion und Goethes
Faust (II. Teil) wurde. 1834 wurde das moderne Sparta gebaut.

Als Touristenattraktion aber und als Idee lebte das alte
Sparta fort. Letzteres wird Thema des abschließenden Kapi-
tels sein. Als Touristenattraktion bot sich Sparta schon in der
römischen Zeit vielen Besuchern aus allen Teilen des Reiches
dar. Es war eine Museumsstadt geworden, die ihren Gästen
gegen Bezahlung den eigenen Mythos vorlebte. Viele Inschriften und zeitgenössische Reiseberichte künden von diesem
Sparta, aber das ist nicht mehr das Sparta, dessen Geschichte,
Gesellschaft und Kultur dieses Buch behandeln wollte.

XII. Der Mythos Sparta

Untrennbar mit der Geschichte der Stadt Sparta ist der Mythos Sparta verbunden. Das griechische Wort *mythos* bedeutet ursprünglich „Wort", dann auch „Erzählung"; Platon gebrauchte diesen Begriff immer dann, wenn er einen Sachverhalt oder eine Vorstellung nicht rational, „logisch" erklären, sondern durch das Erzählen einer fabelhaften Geschichte, einer Legende für jeden verständlich darlegen wollte. Sparta war und ist in diesem Sinne ein Mythos, eine Legende oder eine Idee. Viele haben sich zu allen Zeiten seiner bedient, um ihren eigenen Vorstellungen und Überzeugungen Ausdruck zu verleihen, Politiker, Philosophen, Pädagogen, Historiker. Losgelöst von den jeweiligen historischen Entstehungsbedingungen ließ und läßt sich trefflich über spartanische Einrichtungen, Sitten und Ideale streiten; die vorherigen Kapitel haben gezeigt, daß das antike Sparta ein nahezu unerschöpfliches Reservoir an Diskussionsstoff über politische und soziale Probleme bereithält. Mit Ausnahme Roms hat keine Stadt der Antike bei der Nachwelt größeres Interesse gefunden, keine wurde glühender verehrt, keine schroffer abgelehnt als Sparta.

Die staatstheoretischen Erörterungen der großen Philosophen Platon und Aristoteles sowie die erbaulichen, belehrenden und idealisierenden Schriften Plutarchs über bedeutende spartanische Persönlichkeiten bereiteten den Boden, auf dem der Mythos Sparta errichtet werden konnte. Sie beschrieben bewundernd oder auch kritisch die Geschichte und das politische und gesellschaftliche System Spartas als etwas Besonderes, ja Einzigartiges in der griechischen Welt. Aus dem Inhalt der vorherigen Kapitel ist leicht zu ersehen, welche Themen aus dieser Geschichte geeignet waren, das Interesse und die Phantasie von Zeitgenossen und Nachwelt zu entzünden. Um nur einige herausragende Beispiele zu nennen: Die Verfassung des Lykurg hatte demokratische, monarchische und oligarchische Elemente in einer offenkundig guten Mischung, denn sie war lange Zeit stabil und frei von sozialen und politischen

Konflikten und ermöglichte darüber hinaus große außenpolitische Erfolge. Eine ähnliche Faszination übte die spartanische Erziehung aus, die unter staatlicher Überwachung ausschließlich auf diesen Staat hin ausgerichtet war und geradezu sprichwörtliche Berühmtheit erlangte. Sie schien den Spartanern eine besondere Liebe zu ihrem Staat einzupflanzen, die ihren sichtbaren Ausdruck in dem heldenhaften Kampf der Thermopylenkämpfer unter ihrem König Leonidas 480 v. Chr. fand. Weitere Bausteine des Mythos Sparta waren das von jedem Zeitgeist unbeeinflußte Festhalten der Spartiaten an ihren religiösen Vorstellungen, der als Freiheitsliebe gedeutete Wille zur politischen und ökonomischen Unabhängigkeit und der aus diesem Willen resultierende Kampf gegen Barbaren und Tyrannen, die Gleichheitsidee unter den Vollbürgern, die Beschränkung der Wirtschaft auf das Notwendige, die Ablehnung von Geld, die gesellschaftliche Stellung der Frauen, die Wertschätzung alter Menschen, die Einrichtung der Staatssklaverei, der hohe Stellenwert des Sportes und der körperlichen Schönheit, die Kürze der lakonischen Sprache. Wenn man jedes einzelne dieser Merkmale der spartanischen Ordnung in den jeweiligen historischen Zusammenhang einbettet, entsteht ein in der griechischen Welt zwar einzigartiges, aber doch reales Bild von der Geschichte und der Ordnung Spartas. Löst man einzelne Elemente dieser spartanischen Ordnung dagegen aus dem Zusammenhang des historischen Umfeldes und „benutzt" sie für Zwecke, die nicht der historischen Erforschung Spartas dienen, werden sie, ganz gleich ob durch Verklärung oder Ablehnung, interpretiert, verändert und immer weniger „wirklich", schließlich zum Mythos.

Nicht nur die Griechen erhoben die Verfassung Spartas zum Mythos. Wie in so vielen Bereichen, folgten ihnen die Römer auch darin. Politiker wie Cato und Cicero maßen die Verfassung der klassischen Römischen Republik (287–31 v. Chr.) an dem vielgerühmten Modell Sparta. Sie beriefen sich als überzeugte Aristokraten darauf, daß die lakedaimonische Gesellschaft von den „Besten", den Spartiaten, beherrscht wurde. Schon hier werden die vielfältigen Interpretationsmöglichkeiten des spartanischen Verfassungsmodells deutlich. Ob Republikaner, Monarchisten, Demokraten, Sozialisten, Nationalsozialisten – sie alle bedienten sich bedenkenlos des Modells Sparta. Wer wie die französischen Aufklärer des 18. Jhs. die Gewaltenteilung im Staat empfahl, konnte mit Sparta genauso argumentieren wie diejenigen Historiker und Politiker, die seit den zwanziger Jahren des 20. Jhs. den totalen Staat propagierten. Während jene vor allem auf die Kontrolle der Könige durch die Ephoren oder auf die Aufgabenverteilung unter den Institutionen verwiesen, stellten diese die Allmacht des Staates über das Leben jedes einzelnen Spartiaten heraus. Aber auch die junge sozialdemokratische und marxistische Bewegung fand am Anfang des 20. Jhs. Gefallen an Sparta und übertrug ihre persönlichen Erfahrungen in einer kapitalistisch orientierten Umwelt auf die spartanischen Könige Agis und Kleomenes: Diese erscheinen als Theoretiker des Sozialismus, deren (lykurgische) Ideen am hartnäckigen Widerstand des Kapitals zerbrachen; ihre Lehrmeisterin sei die sozialistische Philosophie der Stoa gewesen. Diese Deutung der lykurgischen Ordnung als einer sozialistischen ist die konsequenteste Weiterentwicklung einer Theorie, die in der Idee der ökonomischen Gleichheit ein Hauptmerkmal der spartanischen Ordnung erblickte – und diese Theorie ist nicht neu; bereits im 18. Jh. formulierte Jean Jacques Rousseau, auf der Suche nach einer Verfassung, die die natürliche Freiheit des Menschen mit dem für einen Staat unverzichtbaren Maß an Herrschaft am besten in Einklang zu bringen vermöchte: „Der Staat ist in Hinsicht seiner Glieder Herr über ihre Güter durch den Gesellschaftsvertrag (contrat social). Die Besitzer sind nur Verwahrer des öffentlichen Gutes. Der Souverän kann sich rechtmäßigerweise der Güter aller bemächtigen, wie das zu Sparta geschah". Natürlich hatte Rousseau bei diesen Worten die lykurgische Landverteilung vor Augen.

Das Gegenteil von Gleichheit ist die Ungleichheit, und auch für diese ließ sich Sparta vereinnahmen. Bereits die griechische Philosophie und hier besonders Aristoteles versuchte, gleichsam „wissenschaftlich" nachzuweisen, daß die Griechen bessere Menschen seien als die Barbaren und daß sie deshalb zum Herrschen über diese Barbaren befugt seien. Im 19. und 20. Jh. wurde diese wirre Theorie wieder aufgegriffen und den eigenen, „modernen" Bedürfnissen angepaßt. Spartas Ordnung lieferte den „Beweis". „Rassenforscher" meinten, gerade hier die Überlegenheit einer „nordischen" Rasse als unbestreitbare Realität nachweisen zu können (es war gerade 200 Jahre her, da hatte man intensiv über die Verwandtschaft der Spartaner mit den Juden, von der uns zum ersten Mal das 1. Makkabäerbuch in Kenntnis setzt, diskutiert!). Im Zusammenhang mit Lykurg tauchen Begriffe auf wie „Erbgesundheit", „Rassenschichtung" oder „Rassestaat". In der Tauglichkeitsprüfung der spartanischen Kinder nach ihrer Geburt durch ein Ältestengremium wollten nationalsozialistische Ideologen und Hitler selbst den unbedingten Willen der Spartaner erkennen, sich rassisch rein zu erhalten. Nur so sei es möglich gewesen, daß 6 000 Spartiaten über 350 000 Heloten haben herrschen können, und die Gegenwart solle aus dieser Erkenntnis ihre Lehren ziehen. Und als die nationalsozialistische Tyrannei in der Schlacht von Stalingrad 1943 ein militärisches Fiasko erlebte, das ihr jene bereiteten, die sie zu den modernen Heloten machen wollte, da beschworen die Demagogen wiederum den Mythos Sparta und wollten Stalingrad mit der Thermopylensituation vergleichen: „Kommst Du nach Deutschland, so berichte, Du habest uns in Stalingrad kämpfen sehen, wie das Gesetz, das Gesetz für die Sicherheit unseres Volkes, es befohlen hat", mit diesen Worten, einer Umwandlung des berühmten Thermopylen-Epigramms, meinte Hermann Göring, die Soldaten anfeuern zu können.

Die Verklärung des Kosmos Sparta, ihre Entstehung und einige Formen ihrer Ausprägung mögen diese Beispiele hinreichend verdeutlicht haben; sie können ebenso als Beispiele für die Ablehnung Spartas unter Philosophen, Politikern und Historikern genommen werden. Die gesamte Ordnung Spartas war auf die Erhaltung und den Nutzen des Staates ausgerichtet. Wer den Staat nicht als Zweck der Menschheit, sondern nur „als eine Bedingung, unter welcher der Zweck der

Menschheit erfüllt werden kann" ansieht, der wird die spartanische Gesetzgebung als Ganzes ablehnen, weil sie gerade nicht den „Zweck der Menschheit" erfüllt. Diese geistreiche, von Kants Geschichtsphilosophie beeinflußte Kritik an Sparta stammt von Friedrich Schiller. Wo das Interesse des Staates alleinbestimmend ist, tritt notwendigerweise das Individuum zurück; wer von dieser Warte urteilt, kann die spartanische Verfassung nicht gutheißen.

Die Entwicklung des Mythos Sparta im Laufe der letzten zweieinhalb Jahrtausende kann auf wenigen Seiten nicht nachgezeichnet werden; hier ist auch von der modernen Forschung noch viel Arbeit zu leisten. Aber man kann sagen, daß die zielgerichtete, erfolgreiche, beständige und gleichzeitig geheimnisvolle, einzigartige, fast übernatürlich wirkende spartanische Ordnung zur Legende geworden ist, ja daß die Wirklichkeit durch den Nebel des Legendären manchmal nur noch schwach hindurchscheint. Dieses Buch hat hoffentlich einen Beitrag dazu geleistet, dem Kosmos Sparta auf die Spur zu kommen.

Zeittafel

Um 900	Gründung Spartas
750–650	geometrischer Kunststil in Sparta
ca. 735–715	1. messenischer Krieg
706	Gründung von Tarent durch Spartaner
669	Schlacht bei Hysiai: Niederlage Spartas gegen Argos
650–570	daedalischer Kunststil in Sparta
7. Jh.	Alkman und Tyrtaios, Dichter Spartas
2. Hälfte 7. Jh.	2. messenischer Krieg
6. Jh.	lakonischer Kunststil in Sparta
ca. 550	Begründung des Peloponnesischen Bundes
546	Sieg Spartas über Argos
520–490	Kleomenes I., König von Sparta
511–505	Kleomenes mischt sich in Athen ein
506	erste Bundesversammlung des Peloponnesischen Bundes
494	Sieg des Kleomenes gegen Argos bei Sepeia
500–479	Perserkriege; 499 Aristagoras von Milet in Sparta; 490 Schlacht bei Marathon zwischen Athen und den Persern; 481 Gründung des Hellenenbundes unter Spartas Führung; 480 Schlacht bei den Thermopylen; 480 Seesieg der Griechen bei Salamis unter Führung des Atheners Themistokles; 479 Landschlacht bei Plataiai unter Führung des Spartaners Pausanias
478/77	Auflösung des Hellenenbundes und Gründung des Attischen Seebundes durch Athen
470	Tod des Pausanias
464	Helotenaufstand in Sparta: sog. 3. messenischer Krieg
ca. 462–446	1. Peloponnesischer Krieg zwischen den Peloponnesiern und Athen
449	sog. Kallias-Friede; die Perser verzichten auf die kleinasiatischen Griechenstädte
446/45	30-jähriger Vertrag zwischen Athen und Sparta
435–432	Krisen zwischen Korinth und Athen
431–404	großer Peloponnesischer Krieg zwischen Athen und Sparta; 431–421 archidamischer Krieg; 425 Erfolg Athens bei Pylos, wo 120 Spartiaten festgesetzt werden; 421 Nikias-Friede zwischen Athen und Sparta; 413–404 dekeleischer Krieg; 404 Sieg der Spartaner bei Aigospotamoi
404–371	Herrschaft Spartas in Griechenland
399–360	Agesilaos, König von Sparta
398	Verschwörung des Kinadon in Sparta
395–386	korinthischer Krieg

Literaturhinweise

Dieses Buch ist weitgehend aus den Quellen geschöpft. Die Lektüre einiger von ihnen ist auch nach zweitausend Jahren noch lehrreich, erbaulich und unterhaltsam; besonders zu empfehlen sind (für die „Schwergewichtigen" unter den Lesern gebe ich auch die griechischen Ausgaben an):

HERODOT, *Historien*, Griechisch-deutsch, Hrsg. u. übers. von J. Feix, 2 Bde., Darmstadt 1988 (4. Aufl.);

THUKYDIDES, *Geschichte des Peloponnesischen Krieges*, Griechischdeutsch, übers. u. mit einer Einführung und Erläuterungen versehen von G. P. Landmann, 2 Bde., Darmstadt 1993;

PLUTARCH, *Große Griechen und Römer*, Deutsch, eingel. u. übers. von K. Ziegler, Zürich/Stuttgart 1954–65 (Bd. 1: *Leben des Lykurg*; Bd. 3: *Leben des Agesilaos*; Bd. 6: *Leben des Agis und Kleomenes*); Griechisch: *Vitae parallelae*, recogn. U. Lindskog, Bd. 1–3, Stuttgart 1993-96;

PLATON, *Nomoi* (Gesetze), Griechisch-deutsch, übers. u. komm. von P. M. Steiner, Berlin 1992;

ARISTOTELES, *Politik*, Deutsch, eingel., übers. u. komm. von O. Gigon, Zürich/Stuttgart 1971 (2. Aufl.); Griechisch: *Politica*, recogn. W. D. Ross, Oxford 1962.

Die moderne Geschichtswissenschaft tendiert in ihrem Spartabild dahin, die Verklärungen und Idealisierungen der spartanischen Ordnung durch Zeitgenossen und Spätere als solche zu entlarven und Spartas Sonderrolle in Griechenland zu relativieren bzw. neu zu definieren. Seit dem Zweiten Weltkrieg geht es in der deutschen Altertumswissenschaft auch darum, sich von dem Pathos zu distanzieren, mit dem die Geschichte Spartas in der ersten Hälfte des 20. Jahrhunderts behandelt wurde. Die bedeutendsten Spartaforscher der Vorkriegszeit waren VICTOR EHRENBERG (besonders „Sparta (Geschichte)", in: *Paulys Realencyclopädie der classischen Altertumswissenschaft* III A, 2 (1929), Sp. 1373–1453) und HELMUT BERVE (besonders *Sparta*, Leipzig 1937). Von den neueren Gesamtdarstellungen der Geschichte Spartas ist das kundig geschriebene und gut lesbare Buch von M. CLAUSS, *Sparta. Eine Einführung in seine Geschichte und Zivilisation*, München 1983, zu empfehlen. J. T. HOOKER, *Sparta. Geschichte und Kultur*, Stuttgart 1982 (dt. Übers. von *The Ancient Spartans* aus dem Jahre 1980) beschreibt anschaulich die spartanische Geschichte bis 370 v. Chr. u. bezieht ausführlich auch die archäologischen Quellen in seine Darstellung ein. Einen luziden Vergleich zwischen Athen und Sparta bietet M. DREHER, Athen und Sparta, München 2001. Die Gründung Spartas im Zusammenhang mit der Dorischen Wanderung ist nach wie vor ein vieldiskutiertes Thema; darüber informiert V. PARKER, „Zur Datierung der Dorischen Wanderung", in: *Museum Helveticum* 52, 1995,

S. 130–154. Die Verfassung Spartas ist zuletzt übersichtlich dargestellt von S. Link, *Der Kosmos Sparta*, Darmstadt 1994; in ihrer geschichtlichen Entstehung versucht L. Thommen, *Lakedaimonion Politeia*, Stuttgart 1996, diese Verfassung zu analysieren und aller Verklärung zu entkleiden. Zur Außenpolitik und zum Peloponnesischen Bund habe ich selbst einen Beitrag verfaßt: „Mythos oder Wirklichkeit? Die Helotengefahr und der Peloponnesische Bund", in: Historische Zeitschrift 272, 2001, 1–24. Über die Erziehung in der Antike ist nach wie vor das bis heute noch nicht ersetzte Standardwerk von H. I. Marrou, *Geschichte der Erziehung im klassischen Altertum*, Freiburg 1957 heranzuziehen. Über das Leben und die Erziehung in Sparta speziell informiert M. Lavrencic, *Spartanische Küche. Das Gemeinschaftsmahl der Männer in Sparta*, Wien/Köln/Weimar 1993. Die spartanische Rechtsordnung ist außerordentlich klar und quellennah beschrieben bei D. M. MacDowell, *Spartan Law*, Edinburgh 1986. Frauen finden in den allgemeinen Darstellungen der spartanischen Ordnung wenig Beachtung; deshalb muß, wer sich genauer informieren will, zu Aufsätzen Zuflucht nehmen; besonders wichtig ist P. Cartledge, „Spartan Wives. Liberation or Licence?", in: *The Classical Quarterly* 31, 1981, S. 84–105; M. H. Dettenhofer, „Die Frauen von Sparta: Gesellschaftliche Position und politische Relevanz", in: Klio 75, 1993, 61–75. Zur Kultur, vor allem der bildenden Kunst, gibt es jetzt das reich bebilderte Werk von C. M. Stibbe, *Das andere Sparta*, Mainz 1996. Das hellenistische und römische Sparta kommt in den allgemeinen Darstellungen zumeist etwas kurz; weiterführend ist hier P. Cartledge/A. Spawforth, *Hellenistic and Roman Sparta. A tale of two cities*, London 1989. Zur Geschichte ist nach wie vor heranzuziehen E. Rawson, *The Spartan Tradition in European Thought*, Oxford 1969. Wichtige Aufsätze von 1790–1986 zu Sparta wurden von K. Christ gesammelt und herausgegeben in dem Sammelband *Sparta*, Darmstadt 1986.

Personenregister

Ortsregister

Sachregister